함라산의 소년,
율도국을 세우다

꿈초어린이 역사동화❶
허균이 쓴 홍길동 이야기
함라산의 소년, 율도국을 세우다

초판 1쇄 펴낸날 2016년 4월 7일   초판 2쇄 펴낸날 2020년 3월 15일
글 김경희   그림 유기훈
펴낸이 박형만   펴낸곳 도서출판 ㈜키즈엠
편집책임 이성주   편집 이수연, 임수현   디자인 박주현
제작 여인석, 임채윤   마케팅 이근호, 정승모, 조선욱
출판등록 제396-2008-000013호
주소 서울시 금천구 가산디지털1로 171, 1412
전화 1566-1770   팩스 02-3445-0650   홈페이지 www.kizm.co.kr
꿈꾸는 초승달 블로그 http://blog.naver.com/moonybook
꿈꾸는 초승달은 키즈엠의 어린이 책 브랜드입니다. 포털에서 '꿈꾸는 초승달'을 검색하여 보세요.

ISBN 978-89-6749-542-8 74910
     978-89-6749-541-1 (세트)

ⓒ 김경희, 유기훈, 2016
이 책의 저작권은 저자에게 있습니다. 저자와 출판사의 허락 없이 내용의 일부를 인용하거나 발췌하는 것을 금합니다.

이 도서의 국립중앙도서관 출판예정도서목록(CIP)은 서지정보유통지원시스템 홈페이지(http://seoji.nl.go.kr)와
국가자료공동목록시스템(http://www.nl.go.kr/kolisnet)에서 이용하실 수 있습니다.
(CIP제어번호: CIP2016004378)

작가의 말

멋진 역사 인물을 만나고 싶은 친구들에게

여러분은 커서 어떤 사람이 되고 싶나요? 내가 어렸을 적 어린이들의 꿈은 대부분 과학자나 대통령, 선생님이었어요. 하지만 세월이 빠르게 변해 가면서 판사와 검사, 변호사, 의사, 연예인을 꿈꾸는 친구들이 많아졌지요. 그런데 먼 옛날 조선 시대 사람들이 가장 되고 싶은 것이 양반이었다는 사실을 알고 있나요?

텔레비전에서 양반과 노비가 나오는 드라마를 본 적이 있을 거예요. 옛날 조선 시대는 신분 사회였어요. 신분이란 개인의 사회적인 지위를 말해요. 지금은 공부를 열심히 하거나, 하고 싶은 일을 열심히 해서 능력을 키우면 높은 자리에 오를 수 있지만, 조선 시대에는 태어날 때부터 신분이 정해져 있었어요. 양반의 아들로 태어나면 양반이 되고 노비의 아들로 태어나면 노비로 평생을 살아야 했지요. 아무리 능력이 뛰어나도 신분을 자기 마음대로 바꿀 수 없었어요.

이 책은 새로운 세상을 꿈꾸었던 허균의 손에서 『홍길동전』이라는 이야기가 탄생되는 과정에 상상력을 가미하여 쓴 역사동화예요.

『홍길동전』은 우리나라 최초의 한글 소설로, 조선 광해군 때의 정치가이자 학자인 허균이 지었어요. 허균은 양반으로 태어났지만, 양반과 상민, 노비 등의 신분 차별이 없는 평등한 세상을 꿈꾸었어요.

"세상에서 가장 두려워할 것은 오로지 백성뿐이다. 백성은 물이나 불, 호랑이나 표범보다 훨씬 두려운 것인데 윗자리에 있는 자들은 백성을 업신여기면서 모질게 부려 먹는다."

이 말은 허균이 정치를 하는 사람들에게 한 말이에요.

허균은 부패한 사회를 개혁해 새로운 세상을 이루고 싶은 꿈을 담아 홍길동이라는 인물을 만들었어요. 홍길동은 재주가 뛰어났지만 첩의 자식으로 태어났기 때문에 차별 대우를 받았어요. 하지만 홍길동은 자신의 꿈을 잃지 않았고, 가난하고 힘없는 백성이 주인인 세상을 만들기 위해 부패한 사회에 도전하여 온갖 고난을 이겨 낸 뒤 율도국이라는 살기 좋은 나라를 만들었어요.

역사동화는 세상에 대한 시대적·역사적 상황을 이해할 수 있는 재미있는 교과서예요. 양반 신분이었지만 조선 사회의 병폐를 정면으로 비판했던 허균이 꿈꾼 세상은 어떤 세상이었고, 홍길동은 어떻게 수많은 실패와 고난을 지혜롭고 끈기 있게 이겨 나갔을까요?

자, 그럼 이야기 속에 담긴 역사와 사회의 모습을 보면서 자신의 멘토를 스스로 찾고 꿈을 찾아볼까요?

2016년 봄
반만년 역사 속에 꿈을 담는 이야기꾼
김경희

차례

프롤로그 ……11

함라 마을에서 길을 잃다 ……19

다가오는 어둠의 그림자 ……40

버려진 무릉도원 ……55

뜻밖의 만남 ……68

꿈틀거리는 이무기 ……87

바람에 흔들리는 나무 ······102

아버지, 그리운 아버지! ······117

한을 품은 이무기 ······132

에필로그 ······154

인물 들여다보기 ······162

프롤로그

채 날이 밝지 않은 어스름한 새벽이었다.

검은 그림자 하나가 벌컥 방문을 열어젖히자, 차가운 바닷바람 한 줄기가 매섭게 허균의 얼굴을 스치고 지나갔다.

서늘한 기운에 놀란 허균이 벌떡 일어나 머리맡에 고이 놓아둔 목검을 번쩍 들어 검은 그림자를 겨누었다.

"누, 누구냐?"

허균의 말에 검은 그림자는 화들짝 놀란 듯 엉거주춤 뒷걸음질을 쳤다.

"하하하! 날세! 나!"

낯이 익은 남자의 목소리였다.

남자는 방 안으로 고개를 불쑥 들이밀었다.

"벌써 이정을 잊었더란 말인가?"

남자가 장난스러운 눈으로 허균을 바라보았다.

달빛에 남자의 얼굴이 서서히 드러났다. 얼굴빛이 조금 창백해 보이기는 했지만 분명 허균의 둘도 없는 친구 이정이었다.

"이정, 자네가 여기까지 어쩐 일인가?"

허균이 두 눈을 똑바로 뜨며 물었다.

이정은 대답 대신 방 안으로 손을 뻗쳐 허균의 팔을 붙잡았다.

"어서 가세!"

"가자니! 어딜?"

허균이 이정의 얼굴을 빤히 쳐다보며 말했다.

"내, 자네가 상상하던 '꿈의 섬'을 찾았다네."

이정이 나지막하게 속삭였다.

허균의 머릿속에 문득 옛 생각이 떠올랐다.

이정은 열세 살에 금강산의 장안사* 벽화를 그려 천재 화

장안사 강원도 금강산에 있는 큰 절로, 신라 법흥왕 때 세워져 고려 성종 때 크게 확장됨.

가라 불리던 재주 많은 친구였다. 그의 할아버지는 노비 출신의 화가였다. 신분 때문에 억눌려 살아와서인지 이정은 늘 한이 많았다.

 허균은 틈틈이 이정에게 자신이 상상으로 만든 '꿈의 섬'을 그려 달라고 졸랐다.

 "이보게 친구! 잘 듣게나. 내가 살고 싶은 곳은 말일세. 곡식들이 잘 자라는 기름진 땅과 향기로운 꽃들이 만발한 들녘이 있는 곳이라네. 마을 뒷산에는 온갖 종류의 과일이 풍성하게 열리는 과실나무와 아름드리 울창한 나무들이 하늘을 향해 쭉쭉 뻗어 있고, 또 수많은 고기 떼와 해산물이 살아 숨 쉬는 앞바다가 있는 그런 곳 말이네."

 허균이 꿈꾸는 섬은 신분의 귀천에 상관없이 누구나 풍족하게 잘살 수 있는 그런 땅이었다.

 "섬은 그려서 뭐하려고 그러는가?"

 이정이 언젠가 이렇게 물었다.

 "가진 것 없고 신분이 낮은 사람들도 모두가 잘살 수 있는 곳을 만들고 싶어 그러네."

 허균의 대답에 이정은 그런 섬을 찾으면 꼭 같이 가서 함께 살자고 얘기했었다.

그동안 허균은 '꿈의 섬'을 깜박 잊고 있었다. 그런데 이정의 말을 듣는 순간, 섬 하나가 허균의 가슴속으로 툭 떨어졌다. 잔잔한 호수에 돌멩이 하나가 던져져 나풀나풀 파문이 이는 것처럼 허균의 가슴속에도 수만 개의 물결이 일렁거렸다.

허균은 가만히 눈을 감았다. 눈을 감자, 평소 꿈꾸었던 행복한 일상이 달콤하게 피어올랐다.

상상 속에서 허균은 새벽안개가 자욱이 낀 바다가 보이는 툇마루에 앉아 책을 읽고 있었다. 붉은색 보료*에 기대어 책을 읽고 있던 허균의 얼굴에 간간이 미소가 지어졌다.

어느새 아침 해가 수평선 위로 불쑥 떠오르며 앞바다를 황금빛으로 물들이기 시작했다. 허균은 천천히 고개를 들어 수평선을 뚫고 활기차게 솟아오르는 붉은 해를 한없이 바라보았다.

"시간이 없네. 어서 가세!"

이정의 투박한 목소리가 허균의 상상을 깼다.

한참 만에 눈을 뜬 허균의 눈앞에 다 썩어 가는 서까래*와

보료 앉는 자리에 늘 깔아 두는 두툼하게 만든 요.
서까래 마룻대에서 도리 또는 보에 걸쳐 지른 나무.

내려앉기 시작한 초가지붕이 보였다.

"여, 여긴!"

허균은 그제야 퍼뜩 정신이 들었다.

그는 지금 귀양살이를 하던 중이었다. 조카와 제자의 과거 답안지를 고쳐 합격시켰다는 혐의를 받고 전라도에 유배를 와 있었던 것이다.

"아!"

허균의 입에서 탄식이 절로 터져 나왔다.

"죄를 짓고 쫓겨 왔는데 어찌 내 맘대로 여길 뜨겠는가? 내, 여기서 풀려나면 가겠네."

허균은 이렇게 말하며 씁쓸하게 입술을 깨물었다.

허균의 대답에 이정의 단정한 눈썹이 움찔거렸다. 이정은 굳은 표정으로 허균을 바라보았다.

"알았네. 내 먼저 가 있을 테니 자네는 천천히 오시게."

말을 마친 이정이 촉촉해진 눈으로 허균을 바라보았다.

잠시 쓸쓸한 얼굴로 허균을 바라보던 이정은 이내 등을 돌려 사립문 밖으로 천천히 걸어 나갔다. 허균은 이정의 모습이 완전히 보이지 않을 때까지 그 자리에서 꼼짝도 하지 않았다.

함라 마을에서 길을 잃다

"나리! 나리!"

마당에서 누군가 호들갑스럽게 외치는 소리가 들렸다.

허균은 살포시 실눈을 떴다. 창호에 붙어 있는 얇은 한지를 뚫고 새하얀 아침 햇살이 소나기처럼 방 안으로 무수히 쏟아져 들어왔다.

'벌써 날이 밝았구나!'

허균은 눈부신 햇살에 살짝 눈을 찡그리며 자리에서 일어났다.

방문 밖에서 사내의 헛기침 소리가 들려왔다. 손님이 온 모양이었다.

허균은 자리에서 일어나 방문을 열어젖혔다. 선비 차림의 사내와 패랭이를 쓴 청년이 서 있었다. 함열 관청의 오 포교와 허균의 큰형인 허성의 호위 무사를 하고 있는 장복이었다.

장복은 원래 허균의 호위를 맡던 무사의 아들로, 그의 아비를 닮아 출중한 무예 실력을 지닌 아이였다. 열서너 살까지 허균의 잔심부름을 하던 장복은 큰형인 허성의 눈에 띄어 몇 년 전부터 허성의 집에서 지내고 있었다.

한양에 있어야 할 장복을 보는 순간, 허균의 머릿속이 바빠졌다.

"형님한테 무슨 일이라도 생겼느냐?"

허균이 장복에게 물었다.

장복이 무슨 말인가 하려고 입을 움찔거리는데 오 포교가 끼어들었다.

"나으리, 유배가 풀리셨습니다!"

순간, 허균의 가슴 한편을 짓누르고 있던 이름 모를 갑갑함이 뻥 뚫리며 새하얗게 부서져 내렸다.

"나리, 이제부터 제가 나리를 모실 겁니다. 큰대감마님께서 허락해 주셨습니다."

장복이 환하게 웃으며 허균 곁으로 다가왔다.

오 포교가 간 뒤 허균은 한동안 멍하니 서 있었다.

"나리, 제가 짐을 싸겠습니다요."

장복이 어린아이처럼 배시시 웃으며 성큼성큼 방 안으로 들어섰다.

짐이라고 해 봐야 낡은 옷가지 몇 벌과 귀양살이를 하면서 지은 책 몇 권이 전부였지만, 장복은 분주히 움직이며 짐을 싸기 시작했다. 장복의 손아귀에서 금세 작은 봇짐 하나가 만들어졌다.

"에구구, 이것들이 다 뭡니까? 책이 걸레가 됐네요. 쯧쯧!"

장복이 방바닥에 아무렇게나 널부러진 책들을 집어 들며 호들갑을 떨었다.

"비에 젖어서 그런 것이다."

"멀쩡하게 방에 있는 책들이 왜 젖었답니까? 천장이라도 뚫렸답니까?"

장복이 이렇게 말하며 고개를 들어 천장을 올려다보았다.

서까래와 흙벽 사이에서 한 줄기 햇살이 화살처럼 방 안으로 날아들었다. 초가집 지붕을 덮은 이엉*이 오래되어 썩으면서 벌어진 틈새였다.

방 안으로 들어온 햇살에 먼지들이 반짝이며 팔랑팔랑 춤을 추었다.

"세상에나! 나리처럼 귀하신 분이 이런 집에서 지내셨단 말입니까?"

"에끼, 녀석! 그럼 귀양 온 사람이 대궐 같은 집에서 지낼 줄 알았더냐?"

허균이 눈을 흘기며 대꾸했다.

"대궐처럼 멋진 집은 아니더라도 좋은 집에서 지내실 줄 알았지요. 하지만 풍경은 끝내줍니다요. 바다가 앞마당처럼 펼쳐 있으니 마치 외딴섬에 온 기분입니다요."

"섬이라······."

허균은 허전한 눈빛으로 멀리 수평선을 바라보았.

푸른 물결이 넘실대는 바다 위로 갈매기들이 한가로이 날아다니는 모습이 보였다. 문득 지난밤의 일이 떠올랐다.

"참, 이정이 '꿈의 섬'을 찾았다고 했지."

이엉 초가집의 지붕이나 담을 이기 위하여 짚이나 새 따위로 엮은 물건.

허균이 씁쓸하게 입맛을 다시며 혼잣말처럼 중얼거렸다.

그때였다. 짐을 싸던 장복이 허균의 얼굴을 빤히 바라보며 참견을 했다.

"나리, 이정이라면 4년 전에 평양에서 돌아가신 어른 아닙니까?"

장복의 말이 날이 선 비수*처럼 허균의 가슴속으로 날아들었다.

순간, 게슴츠레하던 허균의 두 눈이 점점 커졌다. 장복의 말이 맞았다. 이정은 이미 이 세상 사람이 아니었다. 4년 전, 허균이 삼척 부사에서 파직되어 방황하고 있을 때, 금강산으로 들어간다던 이정은 평양의 어느 골목길에서 쓰러져 이 세상을 떠났다.

'간밤에 내가 본 것은 무엇이란 말인가?'

등 뒤로 한 줄기 식은땀이 흐르며 섬뜩한 기분이 들었다.

허균이 옷자락을 뒤로 휙 젖히며 자리에서 벌떡 일어났다. 순간, 벽에 붙여진 초상화가 한눈에 들어왔다. 초상화는 이정이 죽기 전에 그려 준 것으로, 중국의 유명한 시인

비수 날이 예리하고 짧은 칼.

도연명의 모습을 그린 것이었다.

문득 어젯밤 일이 또렷이 떠올랐다. 허균은 어젯밤 늦게까지 도연명이 지은 『도화원기』를 읽다 지쳐 잠이 들었었다.

『도화원기』를 읽고 나면 거짓말처럼 무릉도원이 떠올랐다. 복숭아 꽃잎이 하늘하늘 흩어져 날리는 아름다운 전원 속에서 평화롭게 살아가는 사람들의 모습을 생각하노라면 저절로 행복해지는 것 같았다.

도연명의 초상화가 허균에게 은밀한 눈빛을 보냈다. 허균은 도연명처럼 도화원을 꿈꾸는 자신의 간절함이 죽은 이정을 불렀다고 애써 생각했다.

"나리, 이것도 챙길까요?"

장복이 벽에 걸린 초상화를 가리켰다.

초상화 속 두 개의 눈이 반짝이며 허균을 바라보았다.

"조심히 다루어라!"

허균이 턱수염을 쓰다듬으며 고개를 끄덕였다.

장복은 능숙하게 초상화를 벽에서 떼어 둘둘 말더니 괴나리봇짐 속에 쑥 집어넣었다.

"나리, 다 됐습니다요."

장복이 괴나리봇짐을 양손에 들고 벌떡 일어섰다.

허균은 뒷짐을 진 채 점잖게 방 안을 한 바퀴 둘러보았다. 겨우 다리를 뻗을 정도로 좁고 초라한 방이었지만, 허균이 1년 동안 책을 읽고 글을 쓰며 정든 곳이었다.

허균의 입에서 한숨이 기다랗게 새어 나왔다.

"안 가십니까요?"

장복이 허균의 눈치를 살피며 나직이 물었다.

"가자꾸나!"

허균이 도포 자락을 날리며 초가집을 빠져나가자, 장복이 종종걸음으로 뒤따라 나섰다.

얼마나 걸었을까? 허균과 장복은 어느새 바닷가 마을을 벗어나 작은 마을로 들어섰다.

그 마을은 마을 뒷산에서 흘러나온 두 줄기의 개울이 마을을 휘감고 있었는데, 마치 마을 전체가 새 옷을 갈아입은 듯, 가을볕에 빳빳하게 말린 새 볏짚으로 이엉을 엮어 올린 초가집들이 옹기종기 모여 있었다.

총총걸음으로 걷던 허균의 발걸음이 마을 어귀의 커다란 당산나무* 아래서 우뚝 멈췄다. 고갯마루 중턱에 있는 아담

당산나무 마을의 수호신으로 모셔 제사를 지내 주는 나무.

한 주막이 눈에 들어왔다.

허균이 앞서 걷던 장복을 불러 세웠다.

"오늘은 이 동네에서 하룻밤 묵고 가자꾸나!"

"네? 아직 날도 저물지 않았는데요?"

장복이 눈이 휘둥그레져서 물었다.

"급할 게 뭐 있느냐? 그동안 갇혀 지내느라 갑갑했는데 천천히 유람이나 하면서 가련다."

"여기서 하룻밤을 주무시면 한양까지 하루가 더 걸립니다. 지체하시면……."

"그래서? 나를 따르지 않겠다는 말이냐?"

허균이 장복에게 얼굴을 바싹 들이대며 물었다.

허균의 눈빛에 장복의 숨이 턱 막혔다.

"그런 건 아니고요. 소인 놈이야 나리께서 가시는 곳이라면 어디라도 따라가야지요."

"그럼, 따라오너라!"

허균이 앞장서서 주막으로 발길을 돌렸다.

주막에 들어서자, 평상에는 네댓 명의 사내들이 자리를 잡고 앉아 국밥과 술을 먹고 있었다. 30대 중반쯤의 주모가 허균과 장복을 반갑게 맞았다.

"주모, 하룻밤 묵을 방 좀 있소?"

"그럼요. 있고말고요."

주모의 말에 허균과 장복이 빈 평상 위로 올라앉았다.

"주모, 여기 국밥 한 그릇씩 말아 주게."

허균의 주문을 받은 주모가 부엌으로 들어가더니 곧 작은 상에 국밥 두 그릇을 가지고 나왔다. 허균은 김치 국물을 한 숟가락 푹 떠서는 국밥에 넣어 휘휘 젓더니 한 입 떠먹었다.

"음, 정말 맛있구나!"

허균이 하얀 이를 드러내며 행복하게 웃었다.

"나리, 그렇게 맛있습니까? 예전에는 이런 음식은 손도 대지 않으셨지 않습니까?"

장복이 고개를 갸우뚱거리며 물었다.

"장복이 너, 굶주린 배로 밤을 지새운 적 있느냐?"

허균이 장난기 어린 눈으로 장복을 빤히 쳐다보았다.

"네? 뜬금없이 무슨 말씀이십니까?"

"내가 그동안 어떻게 살아왔는지 아느냐? 장복이 네가 한양의 뜨끈뜨끈한 행랑채에서 따뜻한 밥을 먹고 있을 때 나는 쌀겨도 부족해서 상한 생선이나 감자 몇 개로 끼니를

때운 적이 한두 번이 아니었다. 그러니 내게 이 국밥은 진수성찬이나 마찬가지이지."

"그, 그럼 나리 이것도 드십시오."

장복이 자신의 국밥 그릇을 허균 앞으로 쑥 밀었다.

"허허! 그 녀석! 앞서가는 것은 여전하구나! 더 먹고 싶으면 한 그릇 더 시키면 되지! 지금 나를 아랫것이 먹는 국밥까지 뺏어 먹는 나쁜 양반으로 만들 셈이냐?"

허균의 말에 장복이 머리를 긁적이며 배시시 웃었다.

국밥 한 그릇을 깨끗이 비운 허균이 주막을 휘 둘러보았다.

"나리, 막걸리 한 대접 시킬까요?"

"됐다! 다 먹었으면 나랑 산책이나 가자꾸나!"

"산책이요?"

"가기 싫으면 혼자 다녀오마!"

"아닙니다요. 제가 모시겠습니다요."

재빨리 국그릇을 물리며 자리에서 일어서던 장복이 쭈뼛거리며 허균을 바라보았다.

"그런데 나리, 그 소문 들으셨습니까?"

"소문?"

허균의 물음에 장복의 눈이 반짝반짝 빛났다.

"네! 한양서 오는 길에 장사치들한테 들었는데요. 요즘 산적들에게 걸렸다 하면 꽥!"

장복이 호들갑스럽게 제 목을 손가락으로 긋는 시늉을 했다.

"허허. 그 녀석, 허풍은! 네 눈에는 이런 마을에 산적이 있어 보이느냐?"

"그야 모르지요. 그렇지만 산적들이 주로 깊은 산에 사니까……. 말하자면 산과 가까운 이 마을에도 산적이 나타나지 말라는 법이 없지 않습니까?"

장복이 허균의 눈치를 살피며 앙다문 입술을 쫑긋 내밀었다. 장난꾸러기 같은 장복의 표정에 허균이 너털웃음을 지었다.

"네 말을 듣고 보니 그도 틀린 말은 아닌 것 같구나! 허허, 그럼 우린 어쩌느냐?"

허균이 바짝 다가서며 묻자, 장복은 잠시 주위를 둘러보더니 허균에게 다가가 귓속말을 했다.

"나리, 걱정 딱 붙들어 매십시오. 제가 나리를 모시려고 그동안 얼마나 열심히 무술 연습을 했는지 아십니까? 그깟 산적 몇 명쯤 해치우는 건 일도 아닙니다요. 나리께서는 저만 믿으십시오!"

장복이 코를 벌름거리며 떠들어 댔다.

"그래, 그래! 내, 너만 믿을 테니 어서 앞장서거라!"

허균의 말에 장복이 촐랑대며 앞서 걷기 시작했다.

주막을 나온 허균과 장복은 마을 입구에서부터 쭉 늘어선 돌담길을 따라 마을로 들어섰다. 때마침 맞은편 기와집에서 학동들 대여섯 명이 우르르 달려 나왔다. 학동들은 뭐가 그렇게 즐거운지 깔깔대며 뛰어가다가 골목길이 꺾어지는 지점에서 황급히 몸을 숨겼다.

학동들의 뒤를 이어 곱상하게 생긴 소년이 기와집에서 걸어 나왔다. 소년은 느릿느릿 걸으며 정신없이 책을 읽고 있었다.

소년이 허균의 옆을 스치듯 지나갔다.

"공자께서 말씀하시기를, 마을의 풍속이 어질어야 사람의 마음도 아름답게 되는 것이다. 만약 어진 곳을 택하여 살지 않는다면 어찌 지혜로운 자라 할 수 있으리오."

조용조용한 소년의 목소리가 빙글빙글 소용돌이를 치며 허균의 귓속으로 쏙 빨려 들어왔다.

'아니, 저것은 논어의 구절이 아니던가?'

허균은 놀란 눈으로 소년을 바라보았다. 소년은 이제 겨우 열 살 남짓 되어 보였다.

허균도 열 살 때 이미 논어의 이치를 깨달았다. 아마도 논어는 100번쯤은 읽었을 것이다. 책이 다 닳도록 읽다 보니 저절로 문장의 이치를 알게 되었다. 사람들은 그런 그에게 천재라는 이름을 붙여 주었다.

허균은 걸음을 멈추고 꿈에서 막 깨어난 사람처럼 소년의 모습을 멍하니 바라보았다.

그런데 바로 그때 골목길에 숨어 있던 학동 하나가 갑자기 발을 쑥 내밀더니 소년의 발을 걸어 버렸다. 순간, 소년은 휘청거리다 뒤로 벌러덩 나자빠졌고, 그 바람에 손에 들고 있던 책이 땅바닥으로 떨어졌다.

"하하하! 꼴좋다!"

담벼락 뒤에 숨어 있던 학동들이 우르르 소년 앞으로 뛰어나왔다.

소년은 학동들에게 눈길도 주지 않고 바닥에 팽개쳐진 책부터 집어 들었다. 순간, 눈이 부리부리한 도령이 소년의 책을 휙 낚아채 갔다.

"형님! 책을 주십시오!"

소년이 도령에게 사정을 했다.

"형님이라니? 내가 어째서 네 형님이냐? 천한 몸종에게서 태어난 너랑 고귀한 혈통인 내가 같기라도 하단 말이냐? 고얀 녀석! 어디 혼 좀 나 봐라!"

눈이 부리부리한 도령의 말이 끝나기도 전에, 뒤에 서 있던 학동 대여섯 명이 갑자기 소년에게 덤벼들었다.

골목에는 여러 사람이 길을 오가고 있었지만, 누구 하나 아이들을 말리는 사람이 없었다. 그들은 불구경을 하듯 멀거니 바라볼 뿐이었다.

눈앞에 벌어진 광경에 허균의 가슴에는 뜨거운 불길이 확 솟아올랐다.

"허허, 다섯 놈이 하나를! 장복아!"

참다못한 허균이 장복을 부르던 순간이었다.

"이얏!"

장복이 우렁차게 고함을 지르면서 가볍게 땅을 박차고 뛰어올랐다. 장복은 그대로 공중제비를 하더니 돌담 위에 사뿐히 올라섰다. 그러고는 학동들을 향해 가볍게 몸을 날렸다. 장복의 모습에 지레 겁을 먹은 학동들 몇이 뒷걸음을

치다 넘어져 땅바닥에 엉덩방아를 쿵 찧었다.

"넌 누군데 남의 일에 끼어드는 것이냐?"

눈이 부리부리한 도령이 장복을 노려보며 소리쳤다.

"나는 너처럼 못된 양반을 혼내 주는 검객이다! 어디 진짜 매운맛 좀 한번 보겠느냐?"

장복이 이렇게 말하며 다시 한 번 공중으로 몸을 날렸다. 그러자 겁먹은 도령들이 비명을 지르며 허겁지겁 달아나 버렸다.

"두고 보자!"

눈이 부리부리한 도령이 도망을 가면서 으르렁거렸다.

도령들이 달아난 뒤 허균이 소년을 일으켜 세웠다.

"감사합니다. 그런데 괜한 일을 하셨습니다."

허균은 소년의 말에 어리둥절해졌다.

"아무런 잘못을 하지 않았는데도 막무가내로 당하는 것이 억울하지 않느냐?"

허균이 조용히 물었다.

소년은 대답 대신 물끄러미 허균을 바라보았다. 소년의 얼음처럼 맑은 눈이 허균의 눈동자에 꽂혔다.

"나리께서 곤란한 일을 당하실까 걱정이 됩니다."

소년은 이렇게 말하며 허균에게 공손하게 인사를 하고는 골목길을 빠져나갔다.

 어쩐지 낯익은 소년의 뒷모습에 허균은 가슴이 먹먹해지며 눈이 시려 왔다.

 어느새 선홍빛 태양이 산등성이 뒤로 서서히 모습을 감추며 함라 마을에도 밤이 찾아오고 있었다.

다가오는 어둠의 그림자

그날 밤, 허균과 장복은 일찍 잠자리에 들었다. 오랜 여행길이 피곤했는지 장복은 방바닥에 눕자마자 코를 골며 잠이 들었다. 하지만 허균은 좀처럼 잠들지 못했다.

'허허! 정말 묘한 힘이 느껴지는 아이였어.'

허균은 돌담길에서 마주친 소년을 떠올리며 한참을 뒤척이다 스르르 잠이 들었다.

그렇게 얼마나 잤을까? 잠결에 서늘한 기운을 느낀 허균은 눈을 번쩍 떴다. 빛 하나 없는 깜깜한 방에서 낯선 남자가 허균의 목에 칼을 겨눈 채 노려보고 있었다.

허균이 무슨 말인가 하려는 순간, 덩치 큰 남자가 뭔가로 허균의 뒤통수를 세게 내리쳤다. 퍽, 소리와 함께 눈앞에서 불이 번쩍하는 것 같더니 그대로 정신을 잃어버리고 말았다. 허균이 정신을 차린 것은 그로부터 한 시간이 지난 뒤였다.

끼이익, 기분 나쁜 쇳소리에 허균은 퍼뜩 정신이 들었다. 허균은 양쪽 팔다리가 뒤로 꺾인 채 새끼줄로 꽁꽁 묶여 있었다.

뒤통수가 뻐근하게 아파 왔다. 허균은 비틀거리며 자리에서 일어나 두리번거리며 주위를 둘러보았다. 환하게 밝힌 횃불에 주변의 사물들이 하나둘 눈에 들어왔다. 짚단이 쌓여 있는 걸로 보아 헛간에 갇힌 것이 분명했다.

그때, 땅바닥에 축 늘어져 있는 장복이 보였다. 장복 역시 두 팔이 뒤로 꺾인 채 묶여 있었다. 헛간에 장복과 단둘이 있다는 것을 안 허균이 작은 소리로 장복을 불렀다.

"장복아! 장복아!"

허균이 부르는 소리에 정신을 차렸는지 장복이 신음 소리를 내며 깨어났다. 주변을 둘러보던 장복의 두 눈이 점점 커졌다.

"나리, 괜찮으십니까?"

장복은 엉덩걸음을 치며 허균 곁으로 다가왔다.

"뒷머리가 조금 욱신거리기는 하지만 참을 만하다. 너는 괜찮으냐?"

"네! 소인이야 괜찮습니다요. 그런데 이게 어떻게 된 일입니까요?"

"그건 내가 물어볼 말이다! 너만 믿고 있으면 된다지 않았느냐?"

허균의 말에 장복이 작은 소리로 대답했다.

"나리도 참, 전 한번 잠이 들면 누가 업어 가도 모르지 않습니까?"

"그래, 자랑이다! 그건 그렇고 놈들이 오기 전에 이 새끼줄이나 푸는 게 어떠냐?"

허균이 입을 씰룩이며 비아냥거렸다.

"참, 내 정신 좀 봐!"

장복은 곧장 허균과 등을 맞댄 채 재빨리 허균의 손에 묶인 새끼줄을 풀었다. 두 손이 자유로워진 허균이 장복의 새끼줄을 풀어 주었다.

"도대체 여긴 어딜까?"

허균이 주변을 둘러보았다.

"나리, 혹시 산적들의 소굴이 아닐까요?"

"산적?"

"네! 요즘 조선 팔도에 부쩍 산적들이 늘었다고 합니다. 그래서 봇짐뿐 아니라 목숨까지 빼앗긴 장사꾼들이 한둘이 아니고요. 어서 이곳을 빠져나가시는 게 좋겠습니다."

바로 그때였다. 헛간 문이 삐거덕거리더니 문이 활짝 열렸다. 허균과 장복은 순간적으로 바닥에 드러누웠다. 곧이어 어깨가 떡 벌어진 남자 둘이 헛간으로 들어왔다. 두 남자 모두 무명천으로 만든 수건을 머리에 질끈 동여매고 있었는데, 우락부락하게 생긴 모습이 영락없는 산적 같았다.

"어서 데려가세!"

두 남자가 허균과 장복에게로 성큼성큼 다가왔다. 그때였다.

"에라, 모르겠다! 이얍!"

장복이 우렁차게 기합 소리를 내면서 어른 몸집만 한 볏단을 남자들에게 던졌다. 갑작스러운 공격에 남자들은 두 눈이 휘둥그레진 채 마주 보다가 이내 뒤로 벌러덩 넘어졌다. 그 틈을 놓치지 않고 장복이 차곡차곡 쌓아 놓은 볏짚 위로 가볍게 몸을 날렸다. 그러고는 허공으로 솟구치는가 싶더니 번개처럼 남자들에게 뒷발차기를 했다.

"아이구구!"

남자들은 아무 힘도 쓰지 못하고 맥없이 픽픽 쓰러졌다. 능숙하게 남자들을 제압하는 장복의 솜씨에 허균은 놀라움을 금치 못했다.

"나리, 어서 피하시지요."

장복과 허균은 서둘러 헛간 밖으로 나왔다.

밖으로 나온 허균은 더 이상 걸음을 떼지 못하고 그 자리에 꼿꼿이 서고 말았다.

허균의 눈앞에는 으리으리한 기와집이 펼쳐져 있었다. 크고 작은 돌덩이를 켜켜이 쌓아 만든 꽃무늬 담장 안에는 기와집들이 줄지어 서 있었는데, 한눈에 보기에도 50칸은 족히 넘어 보였다.

갑자기 머리가 띵해졌다. 틀림없이 산적들의 소굴에 잡혀 온 것이라 생각했는데 마을에서 제일가는 갑부의 집에 붙잡힌 것 같았다.

지나간 일들이 휙휙 스쳐가며 허균의 머릿속이 바빠졌다. 그런데 아무리 생각해도 자신이 이 집에 잡혀 올 이유가 없었다. 허균의 눈에 핏발이 서기 시작했다.

"나리, 왜 그러십니까? 어서 가시지요."

장복이 다급한 목소리로 허균을 재촉했다.

"집주인을 좀 만나야겠다!"

"네? 나리, 놈들이 쫓아오기 전에 그냥 가시지요."

장복이 발을 동동 굴렀다.

"가긴 어딜 가느냐? 내가 이곳에 잡혀 올 이유가 없는데 어떤 연유*로 나를 잡아 온 것인지 꼭 알아야겠다!"

허균은 화가 잔뜩 난 듯 허리를 꼿꼿이 세우고 뒷짐을 진 채 사랑방 쪽으로 성큼성큼 걸어갔다.

"하여간 우리 나리, 잘못된 것을 보면 절대 그냥 못 지나치시지!"

장복이 투덜거리며 쫄랑쫄랑 허균의 뒤를 따랐다.

그사이 정신을 차린 남자들이 헛간에서 허겁지겁 나왔다. 남자들은 허균이 사랑방 쪽으로 걸어 들어가는 모습을 보고는 어디론가 부리나케 뛰어갔다.

사랑방 앞에서 하인 하나가 허균을 붙잡았다.

"뉘신지요?"

연유 일의 까닭.

"그러는 자네는 누군가!"

"저야 이 집 주인을 모시는 하인이지요."

허균의 차림을 찬찬히 훑어 보던 하인의 표정이 단번에 일그러졌다. 그도 그럴 것이 허균은 잠을 자다 붙잡혀 왔기 때문에 갓도 쓰지 않고 옷도 제대로 입지 않은 상태였다.

"이 집 주인의 존함이 어떻게 되는가?"

"그건 알아서 뭐하시렵니까?"

하인이 퉁명스럽게 맞받아쳤다.

"네 이놈! 하인 주제에 말이 많구나! 냉큼 말하지 못할까?"

허균이 호통을 치자, 장복이 재빨리 나섰다.

"너 이 녀석! 이분이 누구신지 알고! 이분은 동지중추부사를 지내신 허엽 대감의 막내 아드님이시자, 종사관을 지내신 양반이시다."

장복의 으름장에 하인이 덥석 허리를 굽혔다.

"소인이 미처 알아뵙지 못했습니다요. 나리! 저희 주인님은 홍 판서 대감이십니다. 대감마님께 안내하겠으니 절 따라오십시오."

하인이 몸 둘 바를 몰라 하며 연신 고개를 숙였다.

바로 그때, 선비 차림의 남자 하나와 하인 10여 명이 사랑방 쪽으로 우르르 몰려왔다. 하인들 틈에 헛간에서 봤던 남자 둘의 모습이 보였다.

하인들은 금세 허균과 장복을 에워쌌다. 그리고 선비 차림의 남자가 눈짓을 하자, 우르르 달려들어 허균과 장복의 양팔을 붙잡았다.

"이거 놓지 못할까?"

허균이 버럭 소리를 질렀다.

그와 동시에 방문이 벌컥 열리며 정자관*을 쓴 노인이 밖으로 나왔다. 초췌한 모습의 노인이었다. 선비 차림의 남자와 하인들이 깜짝 놀라며 노인에게 공손히 고개를 숙였다.

"한 서방! 무슨 일인가? 콜록콜록!"

노인이 연신 기침을 하며 물었다.

"대감마님! 저자들은 큰 도련님을 공격한 자들인데 제가 데리고 가도록 하겠습니다."

한 서방이라 불리는 집사가 고개를 조아렸다.

집사의 말을 들은 허균은 그제야 자신들이 왜 잡혀 왔는

정자관 예전에 선비들이 평상시에 머리에 쓰던 관.

지 짐작이 갔다. 하지만 장복의 공격으로 다친 학동들은 아무도 없었다. 장복의 뛰어난 무술을 본 도령들이 미리 겁을 먹고 넘어졌을 뿐이었다.

"어르신, 잠시만 실례하겠습니다. 제 수하에 있는 이 녀석이 도령들을 공격하는 척하기는 했지만 그것은 겁을 줘 쫓아 버리기 위함이었습니다."

허균이 또박또박 이야기를 시작했다. 허균의 이야기는 계속되었다.

"당시 저희는 돌담길을 걷고 있었는데, 대여섯 명의 도령들이 나이 어린 소년 하나를 마구 괴롭히고 있었습니다. 저희가 돕지 않았다면 그 소년은 아마도 크게 다치고 말았을 것입니다."

허균의 말에 노인이 집사를 돌아다보았다.

"사실이냐?"

"대감마님! 쇤네 눈으로 직접 본 것이 아니기 때문에 저도 잘 알지 못합니다. 하지만 저자들이 큰 도련님을 공격해서 상처를 입힌 것은 사실입니다."

"아니오! 그것은 거짓말입니다. 그때 분명 다친 아이들은 하나도 없었습니다."

허균의 말을 듣고 있는 노인의 윗입술이 부르르 떨렸다.

"당장 태동이를 데려오너라!"

노인의 불같은 호령에 하인 하나가 어디론가 쏜살같이 달려 나갔다.

노인은 턱수염을 쓰다듬으며 허균을 바라보았다.

"이보시오! 선비! 그만한 일로 꼭두새벽부터 우리 집에 찾아온 것이오?"

"제가 찾아온 것이 아닙니다. 대감의 하인들이 주막에서 잠자고 있던 저와 제 수하를 이곳으로 납치해 왔습니다. 저도 왜 제가 잡혀 왔는지 이유가 알고 싶습니다."

허균의 말에 노인의 표정이 점점 굳어졌다.

"납치라고 하셨소?"

"네, 대감! 싸움을 말렸다는 이유로 양반을 납치 감금하다니 세상천지에 이런 일이 어디 있습니까?"

허균의 목소리가 떨리고 있었다.

"한 서방! 자네가 이분을 납치한 것이 맞는가?"

노인이 다시 집사에게 물었다.

노인의 말에 주변은 찬물을 끼얹은 듯 조용해졌다.

"네놈이 납치를 했냐고 물었다!"

노인이 버럭 소리를 지르자 사방이 쩌렁쩌렁 울렸다.

"대감마님! 용서해 주십시오. 소인은 그저 큰 도련님을 해치려는 자를 찾아 혼내 주고 싶었을 뿐입니다. 한 번만 용서해 주십시오."

집사가 새파랗게 굳은 얼굴로 땅바닥에 무릎을 꿇고 고개를 조아렸다. 바로 그때였다.

"한 서방은 죄가 없습니다. 제가 시켰습니다."

나이 지긋한 부인이 마당으로 들어서며 말했다.

부인의 뒤로 눈이 부리부리한 도령이 보였다. 허균은 그제야 자신이 왜 이곳에 있는지 깨달았다.

"방금 부인이 납치를 시켰다고 했소?"

노인의 양쪽 눈초리가 치켜 올라갔다.

"네! 제가 시켰습니다. 나이 40이 넘어서 얻은 귀한 아들입니다. 그런 아들이 다쳐서 돌아왔는데 눈이 뒤집히지 않을 어미가 어디 있겠습니까?"

"그렇다고 납치를 하다니, 제정신이오?"

"네! 제정신이 아닙니다. 대감이 우리 태동이와 그 천한 것을 비교할 때마다 얼마나 억장이 무너졌는지 압니까? 제 깟 게 아무리 똑똑하고 영리해도 변변한 벼슬 한자리 할 거

같습니까? 어디서 그런 천한 것이랑…….”

"그만 됐소! 알았으니 부인은 안채로 돌아가시오! 안채로 가라는 내 말이 안 들리시오?"

노인이 부인의 말허리를 자르며 버럭 소리를 지르자, 부인은 불쾌한 얼굴로 안채로 돌아갔다.

이내 노인은 불같이 화를 내며 주위에 있는 하인들을 모두 물렸다.

"제 식솔*들의 무례를 부디 용서해 주시오."

노인이 허균의 손을 덥석 잡으며 말했다.

잠시 후, 허균과 장복은 금세라도 하늘로 솟구쳐 날아갈 것만 같은 웅장한 솟을대문을 유유히 빠져나왔다.

허균의 머릿속은 마치 뿌연 안갯속을 헤매는 것처럼 여전히 혼란스러웠다. 태동이라는 도령이 노인의 아들인 걸로 보아, 돌담길에서 논어를 줄줄 읽던 소년은 아마도 노인의 서자*이리라. 저 으리으리한 기와집 어딘가에서 숨죽이며 살고 있을 소년을 생각하니, 가슴 깊은 곳에서 무언가가 마구 치밀어 오르며 답답해졌다.

식솔 한 집안에 딸린 구성원.
서자 양반과 양민 여성 사이에서 낳은 아들.

버려진 무릉도원

 새벽 공기는 아직 차가웠다. 자욱한 안개가 허균의 갑갑한 가슴을 더욱더 바싹 옥죄었다.
 주막에 도착한 허균과 장복은 봇짐을 챙겨 주막을 나왔다. 한없이 가벼워야 할 발걸음이었지만, 허균의 발걸음은 무겁기만 했다.
 한 식경쯤 걸었을 때, 허균과 장복의 눈앞에 울창한 숲이 펼쳐졌다. 허균은 잠시 걸음을 멈추고 숨을 크게 들이쉬었다. 바람을 타고 풍겨 오는 솔향기가 기분 좋게 온몸을 감싸 주었다. 오랜만에 가슴이 탁 트이는 것 같았다.
 "이야, 정말 좋은 냄새네요."

장복이 코를 벌름거리며 소리를 질렀다.

조금 더 가면 한양으로 가는 갈림길이 나오겠지만, 허균은 그대로 숲길로 접어들었다. 숲길 양옆으로 아름드리 소나무가 하늘을 향해 쭉쭉 뻗어 있었다. 솔향기를 실은 싱그러운 바람이 쉬지 않고 불어왔다.

그렇게 얼마나 걸었을까? 어디선가 콸콸콸, 세찬 물소리가 들려왔다. 장복이 물소리를 따라 뛰어갔다.

"우아."

장복의 입에서 탄성이 터져 나왔다.

"나리, 어서 오십시오!"

장복이 허균을 돌아다보며 소리 질렀다.

허균은 뒷짐을 진 채로 시원한 물소리를 들으며 성큼성큼 장복에게 다가갔다. 갑자기 시야가 탁 트이면서 바위 절벽이 나타났다. 깎아지를 듯한 절벽 사이의 계곡을 따라 폭포수가 곤두박질치며 물웅덩이로 내리꽂히고 있었다. 세찬 물줄기에 용솟음치는 물보라는 쉬지 않고 커다란 바위들을 흠뻑 적시고 있었다.

문득 허균은 어머니가 처녀 시절에 자주 찾았다는 용소를 떠올렸다. 용소는 '용이 사는 연못'이었다. 어머니의 고

향 마을 사람들은 용소 깊은 곳에 이무기가 살고 있다고 믿었다. 어머니는 용소의 이무기가 품에 안기는 꿈을 꾸고 허균을 낳았다고 했다.

허균은 지금 자신이 보고 있는 물웅덩이 깊은 곳에도 용을 꿈꾸는 이무기가 살고 있을지 모르겠다고 생각했다. 어쩌면 이무기는 천 년을 꼬박 채운 뒤 하늘로 승천할 날을 손꼽아 기다리고 있으리라. 아니, 금세라도 검푸른 물웅덩이 속에서 이무기가 뛰쳐나와 얼음처럼 차갑고 하얀 물방울을 뚝뚝 흘리며 하늘로 날아오를 것만 같았다. 그때였다.

"나리, 저것 좀 보십시오!"

장복의 쩌렁쩌렁한 목소리가 허균의 상상을 단박에 깨 버렸다.

허균은 장복의 손가락이 가리키는 곳으로 고개를 돌렸다. 아찔할 만큼 가파른 절벽 위에 작은 암자 하나가 고고하게 서 있는 모습이 보였다.

허균과 장복은 마치 약속이라도 한 것처럼 비좁은 바윗길을 따라 절벽 위로 올라갔다.

얼마 후 집채만 한 둥근 바위가 나타났다. 바위에는 마애불*이 새겨져 있었는데 그 바위 옆으로 작은 암자가 있었

다. 암자는 마치 앙상한 나뭇가지에 걸린 까치집처럼 아슬아슬하게 절벽과 하나가 되어 있었다.

 허균은 마애불을 한번 슬쩍 보고는 산 아래를 뚫어져라 굽어보았다.

 "나리! 뭘 그렇게 보십니까요?"

 장복이 궁금해 죽겠다는 듯 물었다.

 "하하하! 그게 그렇게 궁금하더냐?"

 "네! 궁금합니다."

 "저 부처님과 같은 곳을 보고 있었느니라."

 허균이 바위에 새겨진 마애불을 가리키자, 장복이 뚫어져라 마애불을 바라보았다.

 "부처님이 어딜 보고 계시는데요?"

 장복은 부처님이 바라보는 방향으로 몸을 틀었다. 그러고는 산 아래 펼쳐진 마을을 물끄러미 내려다보았다.

 "우아, 여기서 보니 마을이 한눈에 보이네요. 앗, 나리! 저 기와집은 우리가 갇혀 있었던 그 집 아닙니까?"

 "그런 것 같구나!"

마애불 자연 암벽에 조각한 불상.

"여기서 보니 훨씬 더 으리으리합니다요. 그러고 보니 부처님은 저 마을을 바라보고 계시는군요."

"그래! 부처님은 늘 인간들이 사는 세상을 지켜보고 계시지."

허균이 산 아래 마을을 내려다보면서 중얼거렸다.

"나리, 부처님은 지금 어떤 생각을 하고 계실까요?"

"글쎄다!"

허균은 말없이 마을을 바라보았다.

추수를 막 끝낸 넓은 들판에서 머리에 수건을 쓴 채 부지런히 움직이는 농부들, 옹기종기 모여 있는 초가집과 초가집들이 에워싸고 있는 으리으리한 기와집, 그리고 햇빛을 받아 보석처럼 반짝반짝 빛나는 강물이 너무도 아름답고 평화로워 보였다.

때마침 어디선가 새콤달콤한 향기가 시원한 바람을 타고 날아왔다. 허균은 고개를 돌려 주변을 둘러보았다. 암자 뒤로 고목나무들이 하늘을 찌를 듯이 서 있었는데, 그 고목나무 옆으로 아름드리 과실나무들이 주렁주렁 과일을 매달고 있었다.

'이런 곳에 과실나무가 있다니.'

허균은 코를 벌름거리며 암자 뒤로 발걸음을 옮겼다. 그때, 장복이 얼른 달려와 불쑥 양손을 내밀었다.

"나리, 이것 좀 드십시오!"

장복의 양손에는 가을볕에 탐스럽게 익은 과일들이 수북이 쌓여 있었다.

"이게 다 뭐냐?"

"암자 뒤에서 따 온 것입니다요."

장복은 평평한 바위 위에 과일을 조심스럽게 쏟았.

자주색 알갱이가 송알송알 달려 있는 산머루와 탱글탱글 새빨간 오미자 그리고 보들보들 하얀 속살을 드러낸 달콤한 으름이 정말 먹음직스러워 보였다.

허균이 침을 꿀꺽 삼키며 으름 한 개를 집어 들었다. 한 입 가득 베어 물자, 달착지근하면서도 은은한 향이 입안 가득 퍼졌다.

"너도 먹어 보아라! 아주 맛있구나!"

"네!"

장복은 기다렸다는 듯이 산머루 알갱이를 입안으로 쏙쏙 집어넣었다.

'정말 아름다운 곳이구나!'

허균은 과일을 오물거리며 사방을 둘러보았다.

고목나무들이 병풍처럼 감싸고 있는 아담한 암자에 시선이 멈췄다. 허균은 살며시 일어나 암자로 뚜벅뚜벅 걸어갔다. 암자는 오랫동안 사람이 살지 않은 듯, 군데군데 흙벽이 떨어져 나갔고, 문짝도 반쯤 떨어져 삐거덕거리고 있었다.

허균은 문을 활짝 젖히고 찬찬히 들여다보았다. 방 안 구석구석에는 거미줄이 진을 치고 있었고, 먼지가 뽀얗게 쌓인 서안* 위에는 책 몇 권이 아무렇게나 나뒹굴고 있었다. 허균은 거미줄을 손으로 휘휘 걷어 내며 방 안으로 들어섰다. 방 안은 제법 아늑했다. 찬찬히 살펴보던 허균은 그 자리에 우뚝 서서 밖을 내다보았다.

파란 하늘에는 하얀 구름이 둥실둥실 떠 있고, 병풍처럼 둘러싼 앞산과 옆 산은 산머리에서부터 알록달록 붉은 옷으로 갈아입고 있었다. 그 산 아래 펼쳐진 마을의 모습이 너무도 아름답고 평화로워 보였다. 순간, 허균은 가슴이 두근두근 뛰며 뭉클해짐을 느꼈다.

'무릉도원이 바로 이런 것인가?'

서안 예전에, 책을 얹던 책상.

문득 한 번쯤, 아니 영원히 이런 곳에서 살고 싶다는 생각이 들었다.

"그래! 그래야겠다!"

허균이 뭔가 결심을 한 듯 장복을 불렀다.

"내 서찰을 한 장 써 줄 테니 한양 집에 다녀오너라!"

허균의 말에 장복이 눈을 동그랗게 뜨며 머리를 갸웃거렸다.

"저 혼자요? 나리는 안 가십니까요?"

"그래! 난 여기서 한동안 머물러야 할 듯싶구나!"

허균은 당장 장복에게 지필묵*을 준비시켰다.

잠시 후, 허균은 평평한 바위 위에 가지런히 놓인 종이를 지그시 내려다보았다.

"다 되었습니다."

장복이 곱게 갈린 먹을 바위 위에 사뿐히 올려놓았다. 허균은 붓에 먹물을 흠뻑 묻힌 다음 망설임 없이 글을 써 내려갔다. 끊임없이 이어지는 붓끝에서 글자들이 하나둘 살아나고 있었다.

지필묵 종이와 붓과 먹을 아울러 이르는 말.

종이 한 장을 꼬박 채운 뒤에야 허균의 붓놀림이 멈췄다.

"다 됐느니라."

허균은 종이가 마르기를 기다린 뒤 조심스럽게 접어 장복에게 건넸다.

"마님께 이걸 전해 드리고 오너라!"

"마님께서 물으시면 뭐라고 말씀을 드립니까요?"

"네가 본 대로 말씀드리면 될 것이다. 이곳에서 책을 짓고 있다고 말이다."

"얼마나 계실 생각이십니까요?"

"그거야 책을 빨리 짓게 되면 빨리 갈 것이고……."

허균은 더 말을 하려다 입을 꾹 다물어 버렸다.

그날 오후, 장복은 무릎까지 바지를 걷어 올린 채 부지런히 암자 청소를 했다. 방 안 구석구석 꼼꼼하게 청소를 하는 장복의 이마에는 땀이 송골송골 맺혔다.

청소를 끝낸 장복은 익숙한 손놀림으로 반쯤 떨어져 나간 문짝을 손보았다. 장복의 솜씨에 암자는 제법 아담하고 편안한 보금자리로 변해 갔다. 허균은 암자의 모습을 보며 함박 미소를 지었다.

뜻밖의 만남

 다음 날 새벽 일찍, 장복은 봇짐 하나를 들고 한양으로 길을 떠났다. 장복이 떠난 뒤, 허균은 매일 책을 읽었다. 워낙 책 읽기를 좋아하는 탓에 하루 종일 문밖 출입도 하지 않고 책을 읽는 날이 많았다.
 어느 날이었다. 새벽 일찍 잠자리에서 일어난 허균은 여느 날처럼 촛불을 켠 뒤 작은 화로에 불을 지펴 찻물을 끓였다. 은은한 국화차 향이 방 안 가득 퍼지며 코를 간질였다.
 허균은 음미하듯 차 한 잔을 다 마시고 서안 앞에 다가앉았다.
 쏵쏵쏵, 창밖에서 나뭇가지들이 부딪히는 소리가 들렸

다. 잎이 떨어진 마른 나뭇가지들이 이리저리 흔들리며 창밖을 어른거렸다.

허균은 두 눈을 꾹 감고 생각에 잠겼다. 스승인 손곡 이달* 선생님 밑에서 함께 글공부를 했던 친구들의 얼굴이 하나둘 떠올랐다.

허균은 어려서부터 서얼*들과 어울려 지냈다. 특별히 친구를 가려 사귀는 것은 아니었지만 손곡 선생님 밑에서 글공부를 하다 보니 자연스럽게 서얼들과 친해지게 되었다. 조선 사회는 서얼들이 아무리 뛰어난 재주를 지녀도 벼슬길에 제약이 있었다.

"출생 때문에 남들과 다른 대우를 받는다는 것은 너무 부당한 일이야!"

허균은 뛰어난 서얼 친구들을 보며 늘 서얼 차별이라는 제도가 하루빨리 고쳐져야 한다는 생각을 가지고 살았다.

"그래! 서얼들의 한을 달래는 그런 글을 써야겠다!"

허균은 벼룻집에서 벼루를 꺼낸 다음, 벼루에 물을 떨어뜨린 후 조심스럽게 먹을 갈기 시작했다. 서걱서걱, 먹이 벼

이달 조선 선조 때 한시의 대가(1539~1612).
서얼 서자와 얼자를 아울러 이르는 말.

루 위를 지나갈 때마다 먹물이 검게 변하며 윤기를 뿜었다.

 허균은 먹을 갈던 손을 잠시 멈춘 채 흰 종이를 노려보았다.

 "내가 하고 싶은 이야기를 잘 풀어 줄 주인공이 필요한

데……."

 허균은 미간을 찌푸리며 이마 중간을 손가락으로 톡톡 튕기기 시작했다. 어떤 생각에 집중할 때마다 저도 모르게 나오는 버릇이었다.

 "휴."

 허균의 한숨 소리가 방 안을 떠돌아다녔다.

 조선 사회의 문제점을 비판하려면 주인공이 평범한 인물이어서는 아니 되었다. 지혜도 뛰어나고, 백성을 괴롭히는

벼슬아치들을 혼내 주고, 그들에게 빼앗은 재물을 가난한 백성들에게 나눠 주는 인물이면 좋겠다고 생각했다. 그런데 이상하게 머릿속이 텅 빈 것처럼 아무것도 떠오르지 않았다.

'지금 같은 때 백성들에게 필요한 사람은 과연 어떤 사람일까?'

허균은 다시 눈을 꾹 감은 채 두 손을 가지런히 모아 이마에 가져다 댔다. 문득 어지럼증이 일면서 눈앞이 확 밝아지더니 어떤 얼굴이 떠올랐다.

허균은 감았던 눈을 퍼뜩 떴다.

"그래! 바로 그거다!"

허균은 먹물을 묻힌 붓으로 종이에 글을 쓰기 시작했다.

번쩍번쩍, 파란 하늘에 갑자기 한 줄기 번개가 빠르게 스쳐 지나갔다. 하늘을 쪼갤 듯이 요란한 천둥소리가 뭉글뭉글한 검은 구름 사이에서 울려 퍼졌다. 그때였다.

"우르르 쿵, 콰앙!"

요란한 천둥소리와 함께 검은 구름 사이에서 커다란 용 한 마리가 얼굴을 내밀었다. 둥근 여의주를 입에 문 용은 잠시 구름 위를 유유히 날아다니더니 느닷없이 낮잠을 자는 홍 판서의 가슴으로 날아들었다. 그 순간 깜짝 놀란 홍 판서는 잠에서 깨어났다. 꿈이었다.

"허허! 이상한 꿈이로군!"

홍 판서는 틀림없이 귀한 아들을 낳을 꿈이라고 생각했다.

한 글자 한 글자 글을 쓰는 허균의 표정이 그 어느 때보다 진지했다. 허균의 붓끝에서 은은한 묵향이 뭉게뭉게 피어오르며 온 방 안을 그윽하게 맴돌았다. 허균의 글쓰기는 벼루의 먹물이 다 마를 때까지 계속되었다.

"이런! 먹물이 다 됐구먼!"

허균의 머릿속에서는 꼬리에 꼬리를 물고 문장들이 빠져나왔지만, 그것을 옮겨 적을 먹물이 부족했다. 할 수 없이 허균은 물통을 들고 밖으로 나왔다.

시월이었지만 산속 계절은 이미 초겨울이었다. 길가의 잡초 줄기에 주렁주렁 매달린 새벽이슬이 바짓가랑이를 축축이 적셨다.

허균은 약수터 쪽으로 발걸음을 재촉했다.

얼마나 걸었을까? 멀리 약수터가 보였다. 그 순간 약수터 근처에 희미한 그림자가 어리는 것 같았다. 허균은 뚜벅뚜벅 약수터로 걸어갔다. 약수터 앞에는 열 살쯤 되어 보이는 남자아이가 무릎을 꿇고 앉아 있었다. 두 손을 꼭 모은 채 앉아 있는 소년의 옆모습이 허균의 눈동자 속으로 쏙 빨려 들어왔다.

허균은 우뚝 걸음을 멈추고 숨을 죽인 채 소년을 바라보았다. 그때였다. 인기척을 느낀 소년이 허균을 돌아보았다.

'저 아이는!'

허균의 눈이 반짝반짝 빛을 뿜어냈다.

소년은 얼마 전 돌담길에서 마주쳤던 그 소년이 틀림없었다. 이제 겨우 열 살밖에 안 되는 어린 소년이 이른 새벽부터 깊은 산속에 혼자 있다니, 도대체 무슨 일일까. 허균은 말없이 소년을 바라보았다. 소년도 낯선 인기척에 놀랐는지 물끄러미 허균을 바라보았다.

"아, 안녕하세요? 어르신!"

소년이 해맑은 표정으로 꾸벅 인사를 했다.

"여긴 웬일이냐?"

"소원을 빌러 왔습니다. 어르신도 소원을 빌러 오셨어요?"

소년이 천진난만한 표정으로 허균을 바라보았다.

"소원?"

"소원을 빌러 오신 것이 아니었습니까?"

"난 물을 길러 왔단다."

허균이 소년에게 물통을 들어 보여 주었다.

"그렇군요! 그럼 어르신도 어서 소원을 빌어 보세요. 아침 해가 떠오를 때 이 소원 바위 앞에서 소원을 빌면 반드시 이뤄진답니다."

소년이 이렇게 말하며 옆으로 비켜 앉자, 용의 모습을 꼭 닮은 작은 용 바위가 모습을 드러냈다. 때마침 뿌연 새벽안개가 서서히 걷히면서 붉은 해가 산등성이로 떠올랐다.

"어서요!"

소년이 재촉을 하자, 허균은 엉거주춤 소년 옆에 앉아 눈을 감았다.

잠시 후, 허균은 손바닥으로 햇살을 가리며 눈을 떴다. 소년이 장난기 가득한 눈빛으로 허균을 바라보고 있었다.

"내 얼굴에 뭐라도 묻었느냐?"

허균의 물음에 소년이 고개를 가로저었다.

"아닙니다. 이런 곳에서 뵈니 반가워서 그럽니다."

소년이 명랑한 목소리로 말했다.

"그런데 어르신, 어디 다치신 데는 없으세요? 하인들에게 들었습니다. 며칠 전에 저희 집에서 일을 당하셨다고요."

"아하! 그 일 말이냐? 보다시피 난 괜찮다! 그런데 네 이름은 무엇이냐?"

"홍귀동이라고 합니다. 귀한 자식이라는 뜻으로 대감, 아니 아버님이 지어 주셨습니다."

말을 마친 귀동이 잠시 입술을 지그시 깨물었다.

언뜻 귀동의 검은 눈동자가 촉촉이 젖어 번들거리는 것 같았다.

허균은 문득 귀동을 지켜 주고 싶다는 생각을 했다. 조선 사회에서 서얼이라는 신분은 벗어나려고 해 봤자 벗어날 수 없는 굴레였다. 귀동처럼 영특한 아이에게 서얼이라는 신분은 점점 더 무거운 짐이 될 것이다.

허균이 걱정스러운 눈빛으로 귀동을 바라보았다. 귀동은 허균의 눈빛을 피하지 않았다.

"올해 몇 살이냐?"

"열두 살입니다. 그런데 어르신, 그때 무술을 굉장히 잘하던 형님은 같이 안 왔나요?"

"장복이 말이냐?"

"아, 이름이 장복이였군요. 장복이, 장복이."

귀동이 고개를 끄덕이며 장복이 이름을 되뇌었다.

"장복이는 지금 한양에 가 있단다."

"그럼 이제 안 옵니까?"

"아니다! 며칠 후면 이곳에 올 게야."

허균의 말에 귀동은 얼굴 가득 미소를 띠었다.

"저, 실례가 되지 않는다면 어르신이 계시는 곳이 어딘지 여쭤 봐도 될까요?"

"되다마다. 난 저기 절벽 위 암자에 머물고 있단다."

허균이 절벽 위 암자를 턱으로 가리켰다. 순간, 귀동이 저도 모르게 침을 꿀꺽 삼켰다.

"부처 바위가 있는 암자 말입니까?"

귀동이 눈을 동그랗게 뜨며 물었다.

"너도 그곳을 아느냐?"

"네. 어머니를 따라 몇 번 간 적이 있습니다. 저, 어르신을 가끔 찾아가도 될까요?"

귀동이 허균의 얼굴 표정을 살피며 물었다.

"물론이지! 언제든 찾아오너라!"

허균이 고개를 끄덕이자, 귀동은 어찌나 좋은지 용수철처럼 펄쩍 뛰어올랐다. 그러고는 쑥스러운지 가만히 웃었다. 허균은 그런 귀동이 마냥 귀여워 머리를 쓰다듬어 주었다.

잠시 후, 귀동은 허균에게 인사를 하고는 다람쥐처럼 잽싸게 산을 내려갔다. 허균은 귀동의 모습이 시야에서 완전히 사라지자 약수터에서 물을 받아 암자로 돌아왔다.

허균이 귀동을 만난 것은 그로부터 이틀이 지난 뒤였다.

그날도 방 안에서 책과 씨름하던 허균은 잠시 바람도 쐬고 물도 마실 겸 해서 밖으로 나왔다. 부처 바위 쪽으로 슬쩍 고개를 돌리자, 판판한 바위에 앉아 있는 귀동의 모습이 보였다. 귀동은 꿈꾸는 듯한 표정을 지으며 책을 읽고 있었다.

허균은 한참 동안 팔짱을 낀 채 귀동의 모습을 지켜보았다. 귀동은 허균이 지켜보는 것도 모른 채 독서 삼매경에 빠져 있었다. 귀동의 집중력은 과히 놀라웠다. 귀동을 지켜보던 허균의 얼굴에 잔잔한 미소가 번졌다.

허균은 말없이 방 안으로 들어가 책 한 권을 가지고 밖으로 나왔다. 그러고는 조심스럽게 귀동의 옆에 앉아 책을 펴 들었다.

"나리! 잘 계셨습니까요?"

낯익은 소리에 허균이 소리 나는 쪽을 돌아보았다. 눈을 동그랗게 뜨고 허균을 바라보고 있는 장복의 얼굴이 눈에 들어왔다.

장복은 허균과 귀동이 나란히 앉아 책을 읽고 있는 모습이 의아한지 두 사람을 번갈아 보며 연신 고개를 갸웃거렸다. 허균은 장복의 말에는 대답하지 않은 채 귀동을 돌아보았다. 그러자 귀동이 고개를 들어 허균을 똑바로 바라보았다. 하얗게 쏟아져 내리는 햇살 속에서 귀동의 얼굴이 반짝반짝 빛이 나는 듯했다.

"어르신, 언제 오셨습니까?"

귀동이 커다란 두 눈을 끔뻑거리며 물었다.

"좀 되었다. 그런데 왜 여기서 책을 읽고 있었느냐? 왔으면 기척이나 할 것이지."

"어르신을 방해하고 싶지 않아서 그랬습니다. 그러는 어르신은 왜……."

"나 역시 너를 방해하고 싶지 않았다. 허허허."

허균이 호탕하게 웃자, 귀동이 허균을 바라보며 빙긋이 웃었다.

그때 장복이 불쑥 끼어들었다.

"나리, 저는 안 보이십니까요?"

장복의 물음에 허균이 비로소 장복을 돌아보았다.

"그래, 책은 구해 왔느냐?"

"그럼요. 나리가 말씀하신 책들을 모두 구해 왔습니다요. 헌데 나리, 이 도령이 왜 여기 있습니까요?"

장복이 귀동을 슬쩍 째려보며 봇짐을 허균 앞에 내려놓았다. 허균은 장복의 질문에는 대답도 하지 않고 봇짐을 풀어 젖혔다.

"왜 이것밖에 되지 않느냐? 책을 다 가져오지 못했느냐?"

"곧 짐꾼들이 가지고 올라올 것입니다요."

장복의 말이 채 끝나기가 무섭게 일꾼 두 명이 끙끙대며 책을 짊어지고 오는 모습이 보였다.

일꾼들이 책을 마당에 내려놓으려고 하자, 장복이 목청을 높이며 일꾼들에게 뛰어갔다.

"어이, 그쪽이 아니야! 이 방 안에다 놓아 두게."

잠시 후, 방 한쪽 벽면이 온통 책으로 채워졌다. 마당에 서 있던 귀동이 어느 틈에 고개를 빠끔히 내민 채 방 안을 들여다보았다.

허균이 귀동에게 들어오라는 손짓을 하자, 귀동이 성큼 들어섰다.

책을 살펴보던 귀동이 두툼한 서책들을 가리켰다.

"어르신, 이 책들은 중국의 역사서가 아닙니까?"

귀동의 말에 허균이 고개를 끄덕였다.

"명나라에서 내가 직접 구해 온 것이다."

"그럼 이 책들은 모두 우리나라에서 쉽게 읽을 수 없는 책인가요?"

"꼭 그렇지만은 않아. 몇 년 전에 구해 온 것이라 지금은 가지고 있는 사람들도 꽤 될 것이고 또……."

허균의 말이 채 끝나기도 전에 귀동이 서궤*에서 귀퉁이가 다 닳아 빠진 책 한 권을 꺼내 들었다.

"앗, 이건 『통감』인데."

"『통감』을 알고 있느냐?"

허균이 물었다.

"네! 『통감』은 북송의 사마광*이 지은 것이잖아요. 꼭 읽어 보고 싶었습니다."

서궤 책을 넣어 두는 궤짝.
사마광 중국 북송 때의 학자·정치가(1019~1086).

귀동이 구슬처럼 두 눈을 반짝이며 책장을 넘기기 시작했다.

"책이 그리도 좋으냐?"

"네! 이 세상에서 책이 제일로 좋습니다."

귀동이 해맑은 표정으로 말했다.

허균은 귀동을 보며 빙긋이 웃어 보였다. 귀동의 모습이 마치 어린 시절 자신의 모습을 보는 것 같았다.

"귀동아! 읽고 싶은 책이 있으면 언제든 와서 읽도록 해라!"

"예에, 정말입니까?"

귀동이 고개를 들어 허균의 얼굴을 빤히 보았다. 허균은 대답 없이 빙긋이 웃어 보였다.

"그럼, 매일 와도 됩니까?"

"허허, 그러려무나."

허균이 고개를 끄덕였다. 그러자 귀동의 두 눈에서 초롱초롱 빛이 나기 시작했다. 좋아서 한껏 들떠 있는 귀동의 모습을 보며 허균 역시 어떤 기대감으로 달아올랐다.

그날 이후 귀동은 매일 암자를 드나들었다. 허균은 귀동과 사이좋은 부자지간처럼 나란히 앉아 책을 읽기도 하고,

때로는 귀동에게 글공부를 가르치기도 했다.

 어느 날부터인가 귀동은 장복에게 무술을 배우기 시작했다. 귀동은 학문뿐 아니라 무예도 열심히 익혔다. 다음 날도, 그다음 날도 귀동은 장복과 함께 나무토막을 이리저리 휘두르며 무예를 익혔다.

꿈틀거리는 이무기

허균이 암자에서 지낸 지도 어느새 반년이 지났다.

겨울 동안 꽁꽁 움츠려 있던 암자 뒤의 나무들이 앞다퉈 연한 녹색의 잎사귀를 내놓기 시작했다.

몇 달 사이에 귀동의 무예는 부쩍 늘었다. 아직 장복과 대결을 할 정도는 아니었지만, 귀동의 무예 솜씨는 점점 늘었다.

허균의 글쓰기 역시 점점 무르익어 갔다. 나날이 발전해 가는 귀동의 모습을 지켜보며 허균은 자신의 작품 속 주인공 일동을 무예에 출중한 인물로 만들었다.

일동의 무예 연습은 밤마다 계속되었다.

휙, 휘익!

바람을 가르며 일동의 몸이 공중으로 솟구치는가 싶더니, 새처럼 공중에서 원을 그리며 빙그르 한 바퀴 돌았다.

일동은 가슴속에 쌓인 울분을 한꺼번에 쏟아 내기라도 할 것처럼 칼을 이리저리 휘두르기 시작했다. 일동의 칼에 허수아비들이 힘없이 쪼개지며 쓰러졌다.

어느새 일동의 몸은 땀으로 흠뻑 젖어 들었다.

허균은 다음 이야기를 떠올렸다.

'일동이 의적 활동을 하려면 뭔가 갈등이 있어야 하는데.'

허균은 눈을 꾹 감은 채 고민에 빠졌다.

허균은 일동이라는 인물을 백성들의 전설적인 영웅으로 만들고 싶었다. 하지만 도무지 다음 이야기가 떠오르지 않았다. 허균은 가만히 붓을 놓은 뒤 서안을 밀치고 생각에 잠겼다. 그때, 밖에서 기합 소리와 함께 바람을 가르는 소리가 들려왔다.

"이야압! 이얍!"

귀동의 가늘면서 우렁찬 기합 소리가 허균의 가슴을 설

레게 했다.

허균은 훌쩍 자리에서 일어나 도포 자락을 휘날리며 방 안을 빠져나왔다. 그리고 무언가에 홀린 듯 숲 속으로 발길을 옮겼다.

숲 한가운데 빈 공터에서 목검을 든 채 뛰고 달리는 귀동과 그 옆에서 팔짱을 낀 채 귀동을 바라보는 장복이 보였다.

허균은 말없이 귀동의 모습을 지켜보았다. 허공을 이리저리 가르며 목검을 휘두르다가 높이 뛰어오르는 귀동의 모습은 흡사 작은 들짐승이 울부짖는 것 같았다.

"나리! 나오셨습니까요?"

장복이 활짝 웃는 얼굴로 허균에게 다가오며 인사를 했다.

귀동도 무예를 멈추고 허균 앞으로 다가왔다.

"어떠냐? 오늘은 너희 둘이 대련을 해 보지 않으련?"

허균이 장복과 귀동을 번갈아 보며 말했다.

귀동이 놀라 대답을 못하고 있는 사이 장복이 슬쩍 끼어들었다.

"나리! 귀동이랑 대련을 하라고 하셨습니까? 나리는 지금 이 상황이 말이 된다고 생각하십니까?"

장복이 펄쩍 뛰며 허균을 바라보았다.

"왜 자신이 없느냐?"

허균이 장난스런 눈빛으로 장복을 보았다.

"에이 참, 나리도! 실력이 엇비슷해야 대련을 하지요. 귀동이가 무술에 재능이 있다는 것은 저도 인정하지만 10년 넘게 무예를 익힌 저랑 어찌 대련을 하라 하십니까요? 보나 마나지요."

장복은 기분이 상한 듯 뾰로통하게 말했다.

"대련을 하면 네게 휴가를 줄 것이다. 향이가 지금쯤 꽤 예뻐졌을 텐데……."

허균이 장복의 눈치를 보며 이렇게 말했다.

향이는 큰형 허성의 집에서 부리는 몸종으로 장복이 어려서부터 마음에 두고 있던 아이였다. 허균의 말에 장복이 가만히 웃었다.

"귀동아! 날 공격해 보아라!"

장복이 목검을 쥔 채 버티고 섰다.

잠시 망설이던 귀동이 이윽고 장복에게 몸을 날렸다. 장복이 잽싸게 귀동을 피하며 가볍게 산벚나무 위로 올라앉았다. 그러자 귀동이 허공으로 몸을 가볍게 날려 회전을 하더니 장복이 앉아 있는 산벚나무를 향해 발길질을 했다. 그

와 동시에 휙 하는 소리와 함께 와지끈 나뭇가지가 부러졌다. 장복은 잠시 비틀거리는가 싶더니 이내 균형을 잡고 사뿐히 땅바닥으로 내려앉았다.

"흠!"

허균의 입에서 헛기침이 터져 나왔다.

귀동의 무예는 깜짝 놀랄 정도였다. 아직은 둘이 상대가 되지 않으리라 생각했지만, 장복이 귀동의 칭찬을 많이 하기에 직접 눈으로 확인하려고 시킨 일이었는데, 귀동의 무예는 기대 이상이었다.

그때였다. 암자 쪽에서 하인 하나가 급하게 달려왔다.

"나리, 한양에서 손님이 오셨습니다."

하인의 말을 들은 허균이 장복과 귀동을 돌아보았다.

"오늘은 그만 됐다!"

허균이 헛기침을 하며 둘의 대련을 멈추게 했다.

귀동은 그 자리에 멈춰 송골송골 맺힌 땀을 소맷자락으로 닦고 있었고, 장복은 그런 귀동의 어깨를 다독이며 바라보고 있었다.

"누구시라더냐?"

허균이 하인에게 물었다.

"나리 친구 분이라고 하시는 것 같았습니다요."

'누구지?'

허균은 바쁜 발걸음으로 암자로 걸어갔다.

암자로 가는 동안 허균은 귀동을 떠올렸다. 귀동은 평생에 한 번 만날까 말까 할 정도로 재능이 뛰어난 아이였다. 학문이면 학문, 무예면 무예, 지혜면 지혜, 어느 것 하나 부족한 것이 없었다.

'틀림없이 큰 인물이 될 거야!'

허균은 귀동을 떠올리며 자신도 모르게 미소를 지었다.

"균이!"

암자 쪽에서 술에 취한 듯 달착지근한 목소리가 들려왔다.

마애불 앞에서 핼쑥한 얼굴의 남자가 허균을 보고 가만히 웃고 있었다. 한양에서 온 허균의 친구는 권필*이었다.

"아니, 자네는 권필이 아닌가?"

허균이 한달음에 뛰어가 권필의 손을 덥석 잡았다.

"신선놀음은 잘하고 계시는가?"

권필 조선 중기의 문인(1569~1612)으로, 시와 문장이 뛰어났다.

권필이 능글맞게 웃으며 허균을 바라보았다.

"하하하! 보다시피 잘 지내고 있네. 그런데 갑자기 여긴 어쩐 일인가?"

"국화주가 익어 간다고 나더러 오라지 않았는가?"

권필의 말에 허균은 얼마 전에 권필에게 썼던 편지를 떠올렸다. 만나서 술 한잔하자는 내용의 편지였다.

"하하하! 잘 왔네!"

허균이 방 안으로 권필을 안내했다.

잠시 후, 암자에서 잔심부름을 하는 하인이 술상을 내왔다.

"내가 직접 딴 국화로 담근 술이라네. 맛도 맛이지만 향이 기가 막히지."

허균이 술 한 잔을 따라 권필에게 권하자, 권필은 한입에 술잔을 털어 넣었다.

"오늘 구용을 만나고 왔다네."

권필이 도포 자락으로 입술을 훔치며 입을 열었다.

"기일도 아닌데 무슨 일로 구용의 산소에는 갔다 왔는가?"

"보고 싶었네. 구용도, 자네도!"

권필이 이글거리는 눈빛으로 허균을 바라보았다. 권필은 목이 말라 물을 마시듯이 연거푸 술을 들이켰다.

"무슨 일이라도 있는가?"

허균이 물었다.

"아닐세! 오랜만에 친구들과 술 한잔하고 싶었을 뿐이야."

권필은 애써 허균의 눈빛을 외면하며 피식 웃음을 흘렸다.

"내 잔이나 한 잔 받게!"

권필이 허균에게 술잔을 내밀었다. 허균은 말없이 권필이 내미는 잔을 비웠다.

허균은 권필의 눈빛이 평상시와 다르다는 느낌을 받았다. 권필은 세상에 분노하고 있었다.

"내 선물이네!"

권필이 두루마리 한 장을 내밀었다.

허균은 능숙한 손놀림으로 두루마리의 끈을 풀어내더니, 소리 내어 시를 읽기 시작했다.

"궁궐의 버드나무는 푸르르고 꾀꼬리 어지러이 나는데, 성 안의 벼슬아치들 봄볕에 달라붙어 아양을 떨고 있구나.

조정은 태평세월이라 풍악을 울리지만, 그 누가 있어 바른 말로 저들을 쫓아낼꼬."

허균은 '궁궐의 버드나무'라는 글귀를 뚫어져라 쳐다보았다. 그것은 바로 광해군의 처남 유희분을 말하는 것이었다.

광해군이 왕위에 오르면서 조선 팔도는 미친 세상이 되었다. 해마다 가뭄과 흉년이 반복되었고, 길거리에는 굶어 죽는 사람들의 시신으로 넘쳐 났다. 하지만 탐욕스런 부자와 벼슬아치들은 광해군과 그의 측근들에게 아부하며 자신들의 잇속 챙기기에만 급급했다. 생각만 해도 울화가 치미는 세상이었다.

허균이 고개를 들어 권필의 눈을 똑바로 쳐다보았다.

"자네의 독설은 여전하구만!"

"하하하! 그런가?"

"관직을 얻으려고 모두가 유희분에게 줄을 서서 아부를 하는 세상이니 이런 시가 나오는 것은 어쩜 당연한 일이겠지. 하지만 조심하게!"

허균이 침을 꿀꺽 삼켰다.

"나는 광해군이 더 이상 그 자리에 있으면 안 된다고 생각하네만."

"내 생각도 같다네. 그 자리를 유지하기 위해 너무 많은 사람을 죽였어."

허균이 어금니를 깨물며 나직하게 말했다.

"만약에 말일세. 내가 죽고 나면 나를 기억해 주는 이가 몇이나 될까?"

권필이 갑자기 침울한 표정으로 허균에게 물었다. 권필의 질문은 허균의 가슴을 아프게 했다.

광해군은 자신의 왕위를 지키기 위해 친형인 임해군과 아홉 살짜리 어린 조카 영창 대군을 죽인 왕이었다. 그런 광해군이 만약 권필의 시를 본다면 어떻게 될 것인가? 허균은 더 이상 생각하기도 싫은 듯 몸을 부르르 떨었다.

"갑자기 그런 소린 왜 하는가? 자네 같은 사람이 오래 살면서 사람들의 마음을 후련하게 해 줘야지! 자, 자! 불로장생약 한 잔 받게!"

허균의 말에 권필이 너털웃음을 터뜨렸다.

"우리 불로장생약 먹고 오래오래 살아서 이 짐승 같은 세상을 바꿔 보세!"

"하하하, 그러세, 그러세!"

허균이 추임새를 넣었다.

권필은 허균이 따라 주는 술이 성에 안 차는지 아예 술병을 들고 마시기 시작했다.

"천천히 마시게나. 술은 얼마든지 있으니."

권필을 바라보는 허균의 눈빛이 흔들렸다.

허균과 권필은 밤이 깊도록 술잔을 기울였다.

어느덧 취기가 오른 허균이 먼저 쓰러져 잠이 들었다. 얼마나 시간이 흘렀을까? 멀리서 닭 우는 소리가 들려왔다.

허균이 눈을 번쩍 떴다. 권필이 퀭한 눈으로 허균을 내려다보고 있었다.

"여보게 균이, 이제 떠나야겠네."

권필이 이렇게 말하며 자리에서 일어섰다.

"벌써 가시려는가? 좀 더 있다 가시게."

허균이 권필을 붙잡았다.

"한양에서 할 일이 남았다네."

"그럼 또 오게나."

"그래! 또 오겠네."

"꼭 와야 하네. 내 자네가 좋아하는 국화주를 넉넉히 담가 놓을 테니 술 익은 향이 진동하면 얼른 와서 맛보시게."

"그럼세. 여보게 균이, 부디 세상을 구하는 글을 많이 쓰

시게."
 권필이 비틀어진 상투 위에 갓을 대충 쓰고는 엉거주춤 방문을 열었다.
 쌔애앵, 정신이 확 들 만큼 차가운 바람 한 줄기가 들어왔다. 권필이 소리 나지 않게 방문을 닫자 차가운 바람은 잠시 온 방 안을 돌아다니다 흔적도 없이 사그라졌다.

바람에 흔들리는 나무

철쭉이 숲 속을 온통 분홍색으로 물들여 가던 어느 봄날이었다.

저녁 무렵, 까치가 시끄럽게 울기 시작했다. 까치 소리에 허균이 방문을 벌컥 열어젖혔다. 마당에 서서 이야기를 나누는 장복과 귀동이 화들짝 놀라 허균을 바라보았다.

"귀동아, 아직도 안 갔느냐?"

허균이 귀동을 바라보았다.

"네! 이제 가려고 합니다."

"늦었다! 어머니가 걱정하시기 전에 어서 내려가려무나."

허균이 담담하게 말했다.

"까까 깍깍."

까치 소리가 다시 들렸다. 허균은 까치 소리가 신경이 쓰여 굳은 표정으로 산길을 내려다보았다. 마을로 이어지는 좁은 산길은 어느새 어둠이 깔리고 있었다.

"저녁에 까치가 울면 근심이 생기는 법인데……."

허균이 침을 꿀꺽 삼키고 말을 이었다.

"장복아, 너무 늦었으니 네가 산 아래까지 귀동이를 데려다줘라!"

"네! 안 그래도 그럴 생각이었습니다요. 귀동아, 어서 가자!"

장복이 이렇게 말하며 귀동의 어깨를 툭 쳤다.

"스승님, 내일 뵙겠습니다."

귀동이 공손하게 인사를 하고는 산길을 내려갔다.

그리고 얼마나 지났을까? 하얀 도포를 입은 남자 둘이 암자에 나타났다. 허균의 친구인 조위한과 이재영이었다. 생각지도 못한 친구들의 방문에 허균의 두 눈이 반짝였다. 하지만 다음 순간 허균은 친구들의 분위기가 이상한 것을 눈치챘다. 오랜만에 만났는데도 친구들의 표정은 침울하기 그지없었다.

"권필이, 권필이……."

이재영이 눈물에 젖은 얼굴로 허균을 바라보았다.

허균은 금세 권필에게 무슨 일이 있음을 알아차렸다.

사실, 어젯밤 허균은 불길한 꿈을 꾸었다. 권필과 주거니 받거니 국화주를 마시고 있었는데 난데없이 망나니가 나타나 허균에게 칼을 겨눴다. 허균이 놀라 고개를 숙이는 찰나, 망나니의 칼이 권필에게 떨어졌고 놀란 허균은 그대로 잠에서 깨고 말았다.

"권필이 죽었다네!"

이재영의 말에 허균은 뒤통수를 세게 얻어맞는 듯했다. 온몸의 힘이 스르르 빠지며 허균은 바닥에 털썩 주저앉아 버렸다.

"어쩌다 그런 건가?"

"궁류시 때문이라네. 제 발로 의금부로 들어가 3일 동안 매를 맞다 처참하게 죽었다네."

이재영이 부들부들 떨며 허균을 바라보았다.

허균은 보름 전, 홀연히 암자에 나타난 권필의 모습을 떠올렸다.

권필은 시시각각 자기 앞으로 다가오는 죽음의 그림자를

예감하기라도 한 것 같았다. 갑자기 10년 전에 죽은 친구인 구용의 묘를 찾고, 전라도 땅에 와 있는 자신을 찾아왔었다. 지금 생각하면 허약한 권필의 몸으로 산을 오르기도 힘들었을 것이다.

"이 짐승 같은 세상을 바꿔 보세!"

권필의 마지막 말이 허균의 가슴을 후벼 팠다.

권필이 죽었다는 소식을 들은 뒤 허균은 며칠을 끙끙 앓았다.

닷새째 되던 날, 허균은 겨우 몸을 추스르고 자리에서 일어났다. 밖은 아직 어스름한 새벽이었다. 겨우 마음을 가다듬은 허균은 차 한잔을 마신 뒤 서안 앞에 다가앉았다.

허균은 습관처럼 벼루 뚜껑을 열고 천천히 먹을 갈았다. 허균의 손놀림이 점점 빨라졌다. 점점 더 진해지는 먹물을 보던 허균의 시선이 권필이 건네준 두루마리에 꽂혔다. 두루마리를 노려보던 허균은 기어이 눈물을 쏟고 말았다.

방 안을 밝히던 작은 촛불이 허균의 뒤척임에 조금씩 일렁였다. 허균은 촛불을 노려보았다. 가는 바람 한 줄기에 이리저리 흔들리는 촛불이 마치 자신의 마음 같았다.

왈칵, 가슴속에서 뜨거운 불덩이가 끓어올랐다. 불덩이는 단숨에 허균을 태워 버릴 기세로 활활 타오르기 시작했다.

"이깟 게 다 무슨 소용이란 말인가?"

허균은 먹을 팽개쳐 버렸다. 먹이 방바닥으로 떨어지며 검은 눈물을 뚝뚝 떨어뜨렸다. 허균은 친한 친구가 억울하게 죽었는데도 아무렇지 않게 글이나 쓰고 있는 자신의 처지가 너무도 한심스러웠다. 가슴이 답답해지며 눈앞이 흐려졌다. 허균은 걸망* 하나만 짊어진 채 암자를 빠져나왔다.

허균은 무작정 걷기 시작했다. 어디로 갈지 정하지도 않고 그저 발길 닿는 대로 걷고 또 걸었다. 그러다 날이 저물면 아무 곳에나 몸을 누이고 잠이 들었다.

이 세상 끝까지 걸어가면 가슴속에서 활활 타오르고 있는 불덩이가 사그라질 수 있을까? 가슴속 응어리들이 시뻘건 불덩이가 되고, 그 불덩이가 완전히 타서 재가 되고, 그 재가 흔적도 없이 사라질 때까지 허균은 맘껏 돌아다니리라 마음먹었다.

그러다 매창*이 살았던 부안의 폐가를 찾은 것은 한 달쯤 뒤였다.

걸망 걸머지고 다닐 수 있게 얽어 만든 배낭.
매창 기녀(1573~1610)로, 시와 노래에 능하고 거문고를 잘 탔다.

칠흑처럼 짙은 어둠이 깔린 골목길에서, 허균은 다 쓰러져 가는 폐가를 노려보고 있었다. 한참 동안 폐가를 노려보던 허균은 문득 정신이 든 듯 눈을 동그랗게 떴다.

"여, 여긴 매창이 살던 집이 아닌가?"

허균의 입에서 실소가 터져 나왔다.

매창은 허균이 울화 덩어리가 치밀 때마다 찾던 술친구였다. 하지만 지금 매창은 이 세상 사람이 아니었다. 1년 전에 이미 죽은 몸이었다.

"내 아무래도 매창 자네에게 위로를 받고 싶었던 모양이네!"

허균은 사립문을 열고 집 안으로 들어갔다. 군데군데 썩어 있는 서까래와 무너져 내린 흙벽 그리고 너덜너덜해진 문살을 바라보는 허균의 두 눈에 물방울이 맺혔다.

허균은 벌컥 방문을 열어젖히고는 신발도 벗지 않고 방 안으로 들어섰다. 방 안에는 매창이 살았을 때 쓰던 연지와 분, 거울, 빗 등이 여기저기 나뒹굴고 있었다. 매창이 죽은 지 1년이 지났지만, 방 안에서는 매창이 쓰던 달콤한 분 냄새가 아련히 나는 것만 같았다.

"이보게, 매창! 살아 있다는 게 너무 힘이 드네!"

허균의 두 눈에서 굵은 눈물방울이 뚝뚝 떨어졌다.

"풍자시 한 편으로 내 친구 권필이 매를 맞고 죽었다네."

허균은 바닥에 엎드려 꺼이꺼이 울기 시작했다. 권필의 죽음은 생각하면 생각할수록 속에서 울화가 치밀었다.

그동안 누가 볼세라 숨죽이며 마음대로 통곡도 못했던 허균은 밤을 지새우며 시원하게 울었다. 그러다 그대로 쓰러져 잠이 들고 말았다.

허균이 다시 눈을 떴을 때, 이미 해는 중천에 떠 있었다. 온몸을 두들겨 맞은 듯 쑤시고 아파 오면서 입안이 바짝바짝 말랐다.

한참 만에 정신을 차린 허균은 가까스로 몸을 일으켜 자리에 앉았다. 머리가 지끈거리기는 했지만 밤새 시원하게 운 덕분인지 마음은 한결 가벼워진 기분이었다.

허균은 마당으로 나와 우물에서 물 한 사발을 떠서 꿀꺽꿀꺽 마시기 시작했다. 시원하면서도 달달한 물이 목구멍으로 술술 넘어갔다.

잠시 후, 사립문을 나서던 허균은 멈칫 걸음을 멈추고 폐가를 휘 둘러보았다. 그러고는 이내 조용히 폐가를 빠져나왔다.

저녁 무렵, 허균은 소나무 숲길을 걷고 있었다. 그때 하늘에서 진눈깨비가 조금씩 흩날리기 시작했다. 허균은 걸음을 멈추고는 고개를 들어 하늘을 올려다보았다. 둥실둥실 떠가는 검은 구름 사이에서 눈을 날리는 하늘의 모습이 마치 하얀 쌀가루를 뿌리는 것 같아 보였다.

"허허! 3월 중순에 눈이라니 희한한 일이로세."

눈은 땅바닥에 닿자마자 사르르 녹아 버렸다. 하지만 시간이 갈수록 진눈깨비는 굵은 눈으로 바뀌고 있었다.

허균은 발걸음을 재촉했다. 그때 부스럭하고 덤불 속에서 뭔가 움직이는 소리가 들려왔다. 허균이 놀라 뒷걸음질을 쳤다. 그러고는 본능적으로 비탈길을 내려가기 시작했다.

한 시진*을 걸었지만, 허균은 아직 소나무 숲을 헤매고 있었다. 그사이 눈발은 더욱더 굵어졌고, 소나무 숲에도 어둠이 내려앉기 시작했다.

이런 궂은 날씨에 산속에서 밤을 맞이하게 되면 큰일이었다. 허균은 사방을 두리번거리며 예리한 눈으로 불빛을 찾기 시작했다. 그 순간 거짓말처럼 소나무 숲 사이에서 작

시진 시간이나 시각.

고 희미한 불빛이 나타났다. 허균은 불빛이 보이는 곳으로 걸음을 떼었다.

　허균은 불빛에서 눈을 떼지 못한 채 산길을 밟았다. 잠시 후, 허균의 눈앞에 인가*가 나타났다. 허균은 지나가는 농부에게 주막이 있는 곳을 물었다.

　"이쪽으로 쭉 가면 큰 느티나무가 나올 것이오. 그 느티나무를 따라 오른쪽으로 돌면 주막이 하나 보일 겁니다."

　허균은 농부가 일러 준 대로 주막을 찾아 나섰다. 몇 발자국 가지 않아 외떨어진 주막 하나가 눈에 들어왔다. 허균은 지칠 대로 지친 모습으로 주막으로 들어섰다.

　주막에 들어서니, 구수한 국밥 냄새와 달콤한 막걸리 냄새가 코를 찔러 왔다. 허균은 자기도 모르게 침을 꼴깍 삼켰다.

　"아이구, 어서 오십시오."

　눈가에 주름이 자글자글한 주모가 반갑게 허균을 맞아 주었다.

　"주모, 하룻밤 묵을 방 좀 있소?"

인가 사람이 사는 집.

"예! 있고말고요! 이쪽으로 오시지요."

주모가 한쪽 방으로 허균을 안내했다. 허균은 지친 몸을 이끌고 방으로 들어갔다.

"국밥 한 그릇 올릴깝쇼?"

주모가 방문을 닫으려다 말고 허균에게 물었다. 암자를 나와 정처 없이 떠도느라 제대로 된 밥을 먹은 지 참으로 오랜만이었다. 주모의 말에 저절로 입안에 침이 고였다.

"그리하게!"

"네! 잠시만 기다립시오!"

주모가 이렇게 말하며 부엌으로 달려갔다. 그러고는 후딱 국밥 한 그릇을 말아 왔다.

"부족하시면 더 청하십시오."

주모가 쪼르르 방을 나가자, 허균은 밥상을 바라보았다. 뜨끈뜨끈한 국밥과 빨간 깍두기가 먹음직스러워 보였다. 허균은 국밥 한 그릇을 단숨에 비웠다.

하루 종일 아무것도 먹지 못했다가 국밥 한 그릇을 비우고 나자, 일순간 졸음이 몰려왔다. 허균은 뜨끈뜨끈한 아랫목에 몸을 눕자마자, 코를 골며 잠이 들었다.

얼마나 잤을까? 멀리서 첫닭이 우는 소리가 들렸다. 히균은 자리에서 일어나 조용히 방문을 열었다. 뿌연 새벽안개가 서서히 걷히면서 날이 밝았다.

'새벽이구나! 새벽이 왔어!'

순간, 허균의 가슴속에 알 수 없는 희망이 피어올랐다.

'밤이 깊어 갈수록 새벽이 다가오고 있음을 왜 몰랐더란 말인가?'

허균은 심호흡을 하며 무심코 먼 산을 쳐다보았다. 산등성이에 걸친 뿌연 연무*가 은빛 물결을 이루고 있었다. 그 뒤로 강렬한 빛을 뿜어내는 태양이 서서히 떠오르고 있었다. 문득 권필의 마지막 말이 떠올랐다.

'그래! 세상을 구하는 글을 쓰자! 세상을 위해 내가 할 일은 바로 그것뿐이야!'

허균은 두 주먹을 불끈 쥐었다.

오래지 않아 허균은 주막을 나왔다. 그러고는 함라산 쪽으로 걸음을 옮기기 시작했다. 서둘러 걷는다면 저녁 무렵에 함라 마을에 다다를 수 있을 것이라고 생각했다.

연무 연기와 안개를 아울러 이르는 말.

아버지, 그리운 아버지!

　허균이 함라 마을에 도착한 것은 밤이 꽤 깊어진 뒤였다. 평상시에는 많은 사람들로 북적이던 마을은 온통 어둠뿐, 휘영청 떠오른 밝은 보름달만이 마을을 밝히고 있었다.
　허균은 암자로 올라가기 위해 급히 산길로 걸음을 옮겼다. 그러다 문득 무슨 생각을 했는지 걸음을 바꿔 돌담길을 걷기 시작했다.
　환한 달님이 돌담길을 비추며 허균을 따라왔다. 달빛 아래 한 걸음 한 걸음 걷는 허균의 가슴이 공연히 설레었다.
　으리으리한 기와집 앞에서 허균이 우뚝 걸음을 멈췄다. 바로 귀동의 집이었다.

'귀동이를 못 본 지도 한 달이 다 되었구나.'

허균은 담벼락을 따라 걷기 시작했다. 귀동의 집 행랑채를 지날 무렵이었다.

"이얍!"

행랑채와 별당 사이의 바깥마당에서 기합 소리가 들려왔다. 얼핏, 귀동의 목소리 같았다.

허균은 걸음을 멈추고 발뒤꿈치를 든 채 가만히 담 안을 들여다보았다. 마당 한가운데서 무술 연습을 하고 있는 귀동의 모습이 보였다. 그동안 부쩍 자란 듯 키가 더 커 보였다. 귀동은 허균이 지켜보는 것도 모른 채 몸을 공중으로 솟구치면서 목검을 휘두르고 있었다.

"이얍! 얍! 아얍!"

귀동의 기합 소리는 짧으면서도 우렁찼다.

귀동이 담벼락 위로 뛰어오르더니 사뿐히 마당으로 내려앉았다. 땀방울이 송송 맺힌 귀동의 얼굴이 달빛에 드러났다.

'으음!'

허균은 귀동의 실력에 만족한 듯 고개를 끄덕였다. 허균은 귀동을 불러 칭찬을 해 주어야겠다고 생각했다. 그래서 가볍게 담을 넘어 귀동에게 살금살금 다가갔다.

"귀……."

허균이 막 귀동을 부르려던 찰나였다. 행랑채의 대문이 열리며 헛기침 소리가 들려왔다. 허균은 재빨리 마당에 있는 느티나무 뒤로 몸을 숨겼다.

헛기침 소리에 놀랐는지 귀동이 재빨리 목검을 거두고 허리를 숙였다.

"에헴!"

헛기침 소리가 다시 한 번 들려왔다.

"대감마님!"

귀동의 입에서 이런 말이 튀어나왔다. 허균은 그제야 헛기침 소리의 주인이 귀동의 아버지인 홍 대감이라는 것을 눈치챘다.

그때, 대감이 귀동이에게 다가가는 모습이 보였다. 잠시 후, 귀동과 대감이 마주 서 있었다. 달빛이 두 사람의 모습을 환하게 비춰 주었다. 귀동과 마주한 노인은 기와집 사랑채에서 만났던 그 노인이었다. 그런데 노인의 모습이 많이 달라 보였다. 몸이 좋지 않은 듯 많이 여위어 보였고 지팡이를 짚고 있는 손이 심하게 떨리고 있었다.

허균은 숨을 죽인 채 두 사람의 모습을 지켜보았다.

"한밤중에 뭘 하고 있는 것이냐?"

"달빛을 구경하고 있었습니다."

귀동의 말에 대감이 하늘을 올려다보았다.

"그래! 달이 참으로 밝구나!"

노인은 한참 동안 아무 말도 하지 않았다. 귀동 역시 그런 노인의 모습을 물끄러미 바라보기만 했다.

"밤이 늦었구나! 그만 들어가 자라!"

대감이 이렇게 말하며 돌아섰다.

"대, 대감마님!"

귀동이 노인을 불렀다.

"무슨 할 말이 있느냐?"

노인이 귀동에게 물었다.

"소인은 분명히 대감마님의 아들입니다. 그런데 왜 아버지를 아버지라 부르지 못하는 것입니까?"

귀동이 떨리는 목소리로 물었다. 그러자 노인이 뒤돌아서 귀동을 바라보았다.

"못난 녀석!"

노인이 못마땅한 듯 이마를 찡그렸다.

"조선 땅에 너 같은 사람이 어디 한둘이더냐? 사내대장부로 태어났으면 마음을 단단히 먹고 살아야지 어찌 그런 말을 함부로 입에 담는 게야?"

노인의 호통에 귀동의 두 눈에서는 굵은 눈물방울이 뚝뚝 떨어졌다.

노인은 다시 등을 돌려 행랑채로 느릿느릿 걸어갔다.

"단 한 번이라도 아버님이라고 불러 보고 싶었습니다. 형님을 형님이라고 불러 보고 싶었습니다!"

귀동은 그 자리에 털썩 주저앉은 채 노인의 등 뒤에 대고 이렇게 울부짖었다.

귀동의 말에 노인은 걸음을 우뚝 멈췄다. 그리고 잠시 노인의 두 어깨가 들썩이는 것 같았다. 노인이 다시 등을 돌려 귀동을 돌아보았다. 그러고는 입술을 꾹 다문 채 잠시 눈을 감았다.

노인의 모습을 보며, 허균은 노인도 귀동과 같은 마음이 아닐까 생각해 보았다. 어쩌면 노인은 귀동의 마음을 그 누구보다도 더 잘 알고 있을지 몰랐다. 하지만 모른 척하는 것이 귀동을 위해서 더 나으리라고 판단했으리라.

노인이 눈을 뜨고 귀동을 내려다보았다. 그러고는 귀동

의 어깨에 손을 얹었다.

"대, 대감마님!"

귀동이 놀라 노인을 바라보았다.

"단둘이 있을 때는 그리 부르지 않아도 되느니라."

노인이 작은 목소리로 말했다. 귀동이 놀란 듯 노인을 올려다보았다.

허균은 노인의 입에서 나온 뜻밖의 말에 놀라 숨을 죽이고 두 사람을 지켜보았다.

"아, 아, 아버님……."

귀동이 떨리는 목소리로 웅얼거렸다.

노인이 귀동의 머리를 쓰다듬으며 일으켜 세웠다.

"무술 연습도 좋지만 너무 늦게까지 하지는 말아라. 매일 밤늦게까지 잠도 자지 못하고 연습을 하다가 몸이 상할까 두렵구나."

노인이 이렇게 말하며 행랑채 마당을 빠져나갔다.

귀동은 노인의 뒷모습을 보며 바닥에 털썩 주저앉아 흐느끼기 시작했다.

"아, 버, 님!"

귀동의 눈에서 굵은 눈물이 뚝뚝 떨어졌다. 귀동은 누가 볼세라 숨죽이며 통곡을 하고 있었다.

귀동에게 다가가려던 허균은 걸음을 멈추고 귀동의 모습을 지켜보았다. 지금 귀동에게 필요한 것은 어쩌면 한마디 위로의 말보다 실컷 울게 해 주는 편이 나을 것이라는 생각 때문이었다.

허균은 귀동이 자리에서 일어나 방으로 들어가기 전까지 꼼짝도 하지 않고 귀동의 모습을 지켜보았다.

한참 뒤, 귀동이 방으로 들어간 뒤 허균은 기와집을 빠져나와 암자로 돌아왔다.

다음 날, 허균은 마당을 쓰는 소리에 잠에서 깼다. 방문 사이로 환한 햇빛이 들어왔다.

허균은 자리에서 일어나 방문을 열어젖혔다. 문을 여는 소리에 놀라 장복이 허균을 바라보았다.

"나, 나리! 언제 오셨습니까요?"

장복이 빗자루를 휙 던져 버리고는 방 앞으로 달려왔.

"나리, 몸은 괜찮으십니까요?"

장복이 허균의 얼굴을 이곳저곳 살펴보며 물었다.

"그래! 나는 괜찮으니라. 암자에 별일은 없었고?"

"네! 그런데 나리, 어떻게 편지 한 장만 달랑 남겨 놓고

훌쩍 떠나실 수가 있습니까?"

장복이 허균을 바라보며 눈을 흘겼다.

"네, 이놈! 잘하면 주인을 올라타겠구나!"

허균이 눈을 크게 부라렸다. 그러자 놀란 장복이 고개를 숙이며 조아렸다.

"용서하십시오. 나리! 제가 그만 너무 반가워서!"

"허허, 그 녀석 간이 콩알만 한 건 그대로구나!"

허균이 껄껄 웃어 댔다.

"나리, 지금 또 저를 놀리신 겁니까?"

장복이 머리를 긁적이며 허균을 바라보았다.

아침을 먹은 허균은 서안 앞에 다가앉았다. 오랜만에 글을 쓰려고 하니 머릿속이 텅 빈 것처럼 아무런 생각이 들지 않았다.

"나리, 귀동이가 왔습니다!"

장복이 밖에서 이렇게 말했다.

"뭐, 귀동이가?"

허균이 벌떡 일어나 방문을 열었다.

"스승님!"

귀동이 환한 얼굴로 허균을 바라보았다.

반듯한 이마와 오뚝한 콧대 그리고 초롱초롱한 검은 눈망울, 귀동의 모습은 귀공자처럼 귀티가 잘잘 흘렀다.

허균은 하룻밤 사이에 귀동의 모습이 한결 어른스러워진 것 같다고 생각했다.

"어서 안으로 들어오너라!"

허균의 말에 귀동이 방 안으로 성큼성큼 들어왔다.

귀동은 허균에게 아무것도 물어보지 않았다. 다만 귀동이 책을 읽으면서 궁금했던 것을 적은 종이를 펼쳐 보며 묻고 또 물었다.

어젯밤 서글프게 흐느끼던 귀동의 모습과 오늘 티 없이 맑은 귀동의 모습이 사뭇 달라, 허균은 어지럼증을 느꼈다.

봄이 가고 여름이 다 지나갈 때까지 귀동은 매일 암자를 오르내렸다. 뜨거운 여름 햇볕 아래서 무술을 연마하느라 귀동의 얼굴빛도 제법 거뭇거뭇해졌다.

허균은 그동안 친구들과 주고받은 편지들을 정리하며 시간을 보냈다. 마음 같아서는 지금 당장이라도 백성들의 억울하고 지친 마음을 뻥 뚫어 줄 만한 멋진 글을 쓰고 싶었지만, 마음과 달리 글이 잘 써지지 않았다.

시월의 바람을 타고 온갖 과일 향이 풍겨 오는 어느 날이었다. 아침나절부터 빗줄기가 오락가락하더니 점심때가 되어 굵은 빗줄기로 바뀌어 있었다.

 허균이 귀동과 점심을 먹으려는 순간, 밖에서 웅성거리는 소리가 들려왔다. 귀동이 방문을 열어젖혔다. 마당에는 몸집이 자그마한 여종 하나가 서 있었다. 여종은 볏짚을 엮어 만든 도롱이*를 걸치고 있었는데, 낯빛이 파리했다.

 "네가 여기까지 어쩐 일이냐?"

 귀동이 놀라 물었다.

 "도련님! 작은 마님께서 어서 내려오라 하셨습니다."

 여종이 기어들어 가는 목소리로 말했다.

 여종의 말에 허균의 귀가 번쩍 뜨였다. 귀동이 암자를 오간 지 3년이 넘었지만 지금까지 한 번도 이런 적이 없었기 때문이었다.

 귀동이 뾰로통한 얼굴로 여종을 보았다.

 "먼저 내려가라. 나는 좀 있다······."

 귀동의 말이 채 끝나기도 전에 여종이 울먹이며 귀동을 불렀다.

도롱이 짚, 띠 따위로 엮어 허리나 어깨에 걸쳐 두르는 비옷.

"대감마님께서 위독하십니다. 도련님!"

여종의 말에 귀동의 얼굴빛이 새하얗게 바뀌었다.

귀동은 허균에게 가볍게 인사를 한 뒤 황급히 암자를 빠져나갔다.

"장복아, 아무래도 네가 따라가 봐야겠다."

허균이 장복에게 눈짓을 했다.

장복은 벽에 걸린 도롱이 두 개를 들고 귀동의 뒤를 따라 나섰다.

죽음은 늘 느닷없고 갑작스럽게 찾아오는 법이지만, 귀동의 아버지인 노인이 위독하다는 말에 허균은 크게 당황을 했다.

소문에 의하면, 노인의 첫 번째 부인은 욕심이 많고 사치스럽다고 했다. 또 노인의 배다른 아들인 귀동을 무척이나 싫어하고 미워한다고 했다.

허균은 노인의 죽음이 불러올 파장이 어디까지 미칠지 걱정이 되었다. 평소 귀동을 미워하는 부인이 노인이 죽고 난 뒤 귀동에게 어떻게 대할지는 안 봐도 눈에 선했다.

"허허! 세상일은 미리 알 수 없는 법!"

허균이 하늘을 올려다보며 중얼거렸다.

그날 저녁, 아랫마을로 내려갔던 장복이 돌아왔다. 장복은 노인이 운명*을 했다는 사실을 가만히 허균에게 알려 주었다.

다음 날, 아침 일찍 허균은 귀동의 집으로 문상을 갔다. 집 안 곳곳에서 마을 사람들과 노인의 집안사람들이 장례 준비를 하고 있었다.

노인에게 예를 갖추고 난 뒤 허균은 귀동의 모습을 살펴보았다. 가족들 틈에서 눈물과 콧물 범벅이 된 귀동의 모습이 보였다.

운명 사람의 목숨이 끊어짐.

한을 품은 이무기

장례가 끝나고 한 달이 지났지만, 귀동은 암자에 나타나지 않았다. 허균은 매일 아침 암자 마당을 서성이며 귀동을 기다렸다.

그러던 어느 날이었다. 그날도 허균은 멍한 얼굴로 산 아래 마을을 내려다보고 있었다. 장복이 엉거주춤 허균 앞으로 다가왔다.

"나리, 제가 한번 가 볼까요? 귀동이가 걱정이 되어서 잠이 안 옵니다."

장복의 말에 허균의 두 눈이 커졌다.

"그리하겠느냐?"

"네! 당장 다녀오겠습니다."

"음! 무슨 일 있으면 내게 꼭 알리고!"

허균이 비장하게 말했다.

장복은 걸음을 재촉하며 암자를 내려갔다 해거름이 되어서야 돌아왔다.

"귀동이는 만나 봤느냐?"

허균이 초조한 듯 물었다.

"한양에 갔답니다."

"상중인데 한양에 갔단 말이냐?"

"네! 하인들 말로는 그 댁 큰마님 심부름으로 한양에 갔답니다."

장복의 말을 들은 허균의 표정이 일순간 굳어졌다.

"그런데 말입니다. 그 집에 일이 생긴 것 같습니다."

장복이가 주위를 살피며 낮은 소리로 말했다.

"일이라니!"

"글쎄, 그 집에 도둑이 들어서 집안이 발칵 뒤집어졌답니다."

"도둑? 뭘 잃어버렸다더냐?"

"집안 대대로 전해 내려오는 보물인 금 두꺼비를 잃어버

렸다고 들었습니다요."

"금 두꺼비? 그래, 도둑을 잡았다더냐?"

"네, 그게 저……."

장복이 갑자기 입을 꾹 다물어 버렸다.

"왜 그러느냐? 어서 말해 보아라!"

허균이 다그치자, 장복이 눈치를 살피며 말을 이었다.

"사실은 그게, 금 두꺼비를 찾긴 찾았는데 그 금 두꺼비가 작은마님, 그러니까 귀동이 어머니 방에서 나왔답니다."

"뭐라고? 허허, 그거 참! 곧 회오리바람이 불겠구나!"

허균이 눈살을 찌푸렸다.

허균의 말에 장복이 침을 꿀꺽 삼켰다.

연신 한숨을 쉬던 허균은 착찹한 심정으로 서안 앞에 앉았다.

며칠 뒤, 먹을거리를 사기 위해 마을로 내려갔던 장복이 호들갑스럽게 암자로 올라왔다.

"나리, 나리! 큰일 났습니다요!"

장복의 말에 허균은 퍼뜩 떠오르는 것이 있었다.

허균은 벌컥 방문을 열어젖혔다. 장복이 헐떡이며 방 앞에 서 있었다.

"아랫마을 홍 대감 댁 작은부인, 그러니까 귀동이 어머니가 매질을 당하고 있답니다."

장복의 말에 허균은 요 며칠 몹시 불안했는데 드디어 올 것이 왔다는 생각이 들었다.

"귀동이는 어찌 하고 있느냐?"

"큰마님에게 자기 어머니를 살려 달라고 무릎을 꿇고 빌고 있다고 들었습니다."

"허허, 이것 참!"

허균이 혀를 끌끌 찼다.

귀동이와 그의 어미를 구해 주어야 마땅하지만, 지금 허균의 입장에서는 괜히 나섰다가 그 모자를 더 곤란하게 할 수도 있었다.

"어쩐다?"

허균은 방 안을 서성이며 생각에 잠겼다.

언젠가 노인의 집에서 봤던 표독스러운 부인의 얼굴이 떠올랐다. 노인이 죽고 없는 지금, 부인은 눈엣가시인 귀동과 귀동의 어미를 순순히 봐주지는 않을 것 같았다. 허균은 그 모자를 구해야 한다고 생각했다.

그때 허균의 머릿속에 퍼뜩 떠오르는 것이 있었다. 지금 함라 마을 수령*은 큰형인 허성과 동고동락한 친구의 아들이라고 들었다. 수령*에게 자신의 신분을 밝히고 귀동을 도와 달라고 청하면 귀동 모자를 구할 수 있을 것 같았다. 허균은 지필묵을 준비한 뒤 편지를 쓰기 시작했다. 그러고는 장복에게 건네주었다.

"이걸 고을 수령에게 전하고 오너라."

"네. 알겠습니다!"

장복이 침을 꼴깍 삼키며 대답을 했다.

"아니다! 내가 직접 가야겠다!"

허균이 장복의 손에 들린 편지를 다시 받아 들었다.

허균은 벽에 걸린 두루마리와 갓을 든 채 잽싼 걸음으로 암자를 빠져나갔다. 산길을 내려가는 허균의 얼굴은 무섭게 굳어 있었다.

하지만 동헌*에 도착했을 때, 이미 수령은 자리를 비우고 없었다. 동헌을 지키는 포졸 말에 의하면 수령은 내일에나 올 것이라고 했다.

허균은 귀동의 집으로 달려갔다. 수령이 올 때까지 마냥

수령 고려·조선 시대에, 각 고을의 지방관들을 통틀어 이르는 말.
동헌 지방 관아에서 수령들이 일했던 중심 건물.

기다릴 수만은 없는 일이었다.

솟을대문 앞에서 덩치 큰 남자 하인들이 허균과 장복의 앞을 가로막았다.

"비켜라!"

허균이 소리를 질렀지만, 하인들은 철통같이 두 사람의 앞을 가로막았다.

장복이 하인들을 공격하려고 하자, 허균이 이를 막았다.

"귀동이를 만나러 왔네. 좀 불러 주게."

허균의 말에 하인 하나가 다른 하인에게 눈짓을 했다.

잠시 후, 귀동이 천천히 걸어 나왔다. 귀동의 두 눈은 퉁퉁 부었고, 얼굴은 핏기 없이 창백했다.

"귀동아!"

허균이 달려가 귀동의 두 손을 꼭 잡았다.

"스승님!"

귀동의 두 눈에서 눈물이 후드득 떨어졌다.

"소식 들었다. 어머니는 어찌 하고 계시느냐?"

허균의 물음에 귀동은 말없이 울기만 했다.

잠시 후, 울음을 그친 귀동이 그동안의 이야기를 들려주었다.

귀동의 이야기는 참으로 놀랍고 기가 막혔다.

홍 대감은 임종 직전에 가족들을 모아 놓고, 귀동과 이복 형 태동에게 재산을 똑같이 나눠 줬다고 했다. 가족들은 서 자인 귀동에게까지 똑같이 재산을 나눠 주는 일에 달갑지 않아 했지만 대감의 유언이라 별다른 반대를 하지 않았다.

그런데 장례가 끝난 뒤 큰마님이 귀동을 조용히 불러 한양을 다녀오라고 했다. 전답*을 물려주려면 집안일을 맡아서 해 주는 한 집사가 있어야 하는데, 마침 한 집사가 한양에 있으니 조용히 한 집사를 데려오라는 심부름이었다.

영문을 모르는 귀동은 한양에 있는 한 집사를 찾아갔고, 한 집사는 이런저런 핑계를 대며 귀동을 잡아 두었다고 했다.

그런데 그사이 그 집안이 발칵 뒤집어졌다고 했다. 집안 가보로 내려오는 순금으로 만든 두꺼비 한 쌍을 도둑맞았던 것이다. 화가 난 큰마님은 하인들의 소행이라 생각하고 온 집 안을 샅샅이 뒤졌는데, 며칠 뒤 별당의 다락방에서 금 두꺼비가 발견되었다고 했다. 별당은 귀동과 귀동의 어

전답 논밭.

머니가 지내는 곳이었다.

　결국 큰마님은 집안의 보물을 훔친 귀동 어머니를 잡아다 헛간에 가둔 뒤 귀동이 내려오는 날 매질을 시작했고, 한양에서 내려온 귀동은 어머니를 구하기 위해 모든 재산을 포기한다는 각서를 쓰고 겨우 풀려났다고 했다.

　귀동의 이야기를 듣는 허균의 표정이 점점 굳어졌다.

"어머니는 어찌 하고 계시느냐?"

"방금 잠이 드셨습니다. 스승님……."

　귀동이 침을 꿀꺽 삼키며 허균을 바라보았다.

"무슨 할 말이라도 있느냐?"

　허균의 물음에 귀동은 주위를 둘러보며 조용히 고개를 끄덕였다.

"그게 스승님!"

"어서 말해 보아라."

"사실은 정말 궁금한 것이 있습니다."

"그것이 무엇이냐?"

　허균의 재촉에 귀동은 조심스럽게 주변을 살피며 입을 열었다.

"스승님, 서자는 아무리 뛰어나도 벼슬을 할 수 없다는 말이 사실입니까?"

귀동이 던진 첫마디에 허균의 머릿속이 흐릿해졌다.

"사람들이 수군거리는 것을 들었습니다. 제아무리 뛰어나도 저 같은 서얼은 벼슬에 나갈 수 없다고요. 그리고 언젠가 대감마님께서 저를 두고 큰어머니께 하시는 말씀을 들었습니다. '귀동이가 비록 총명하나 천한 소생이니 무엇에 쓸 수 있으랴.'라는 말이 그때는 무슨 뜻이었는지 몰랐습니다."

귀동은 잠시 말을 멈추고 허균의 표정을 살폈다.

"아무것도 모를 때는 행복했습니다. 하지만 자라면서 아버지를 아버지라 부르지 못하고 형을 형이라 부르지 못하는 제 처지가 점점 원망스러워졌습니다. 그리고 얼마 전에 대감마님께서 제가 아버지라 부르는 것을 허락하셨지요. 불쌍한 아들의 소원을 잠시 들어주신 것입니다. 하지만 대감마님께서 아버지라 부르는 일을 허락했다고 해서 세상이 달라진 것은 아니었습니다. 스승님, 서자도 똑같은 사람 아닙니까?"

귀동의 물음에 허균은 순간 입을 다물고 말았다.

"제가 원해서 서자로 태어난 것도 아닌데, 똑같은 양반의 아들로 태어나서 남들과 다른 대우를 받아야 한다는 사실이 너무 원통합니다! 세상이 원망스럽습니다! 서자로 태어난 것이 너무도 억울합니다!"

귀동의 입에서 원망이 쏟아져 나왔다. 귀동의 원망은 어느새 분노로 변했고, 분노는 한꺼번에 터져 나와 하늘을 찌르는 폭포수가 되어 치솟고 있었다.

귀동을 보는 허균의 얼굴빛이 흙빛으로 변했다. 허균은 귀동의 아픔을 이해할 수 있었지만, 아직 어린 귀동을 위로할 적당한 말이 떠오르질 않았다.

허균은 말없이 귀동의 어깨를 끌어안았다. 귀동을 안은 허균의 팔에 힘이 들어가자, 귀동의 눈에서 눈물이 주르르 흘렀다.

"스승님, 모두가 차별받지 않는 곳에서 살고 싶습니다."

귀동은 허균의 품에서 꺼이꺼이 울기 시작했다. 한 번 터져 버린 눈물은 쉽사리 멈출 생각을 하지 않았다.

"그래, 실컷 울어라."

허균의 품에서 귀동은 반 시진 가량을 서글프게 울며 가슴속 응어리들을 풀어냈다.

허균은 그런 귀동을 보며 가슴이 답답함을 느꼈다.

귀동이 솟을대문으로 들어간 뒤 허균은 하늘을 올려다보

았다.

"여의주가 없으니 어찌 이무기가 용이 될 수 있으리오!"

허균이 탄식을 했다.

어느새 마을에 어둠이 내리기 시작했다. 허균은 장복과 함께 주막으로 들어섰다. 당분간은 주막에 지내면서 귀동을 지켜볼 생각이었다.

주막에 들어서자, 사내들 대여섯 명이 왁작거리며 술을 마시고 있었다.

"여기 국밥 두 그릇만 말아 주시오."

장복이 국밥을 시키자, 기다렸다는 듯이 주모가 국밥을 내왔다. 막 수저를 드는데 장사꾼 두 사람이 주막으로 들어왔다.

두 사람 모두 어깨에 봇짐을 메고 있었는데, 한 남자는 키가 작고 말랐으며, 다른 남자는 떡 벌어진 어깨에 키는 여섯 척*이 넘어 보였다.

남자들은 허균과 장복의 옆에 자리를 잡았다.

"여기 막걸리랑 국밥 좀 주게."

척 길이의 단위. 한 척이 약 30.3cm이다.

키 작은 남자가 주모에게 소리쳤다.

주모가 국밥과 막걸리를 내오자, 키 큰 남자가 대접 가득 술을 따라 들이켰다.

"크! 정말 맛있구만!"

키 큰 남자가 요란하게 트림을 하며 말했다.

"자네, 아까 한 말 사실인가?"

"허어! 이 사람 자네는 소문도 못 들었나?"

"그게 아니여. 하도 답답혀서 그런 거지. 그나저나 도대체 누가 공물 창고에 불을 냈을꼬?"

"그야 뻔하지 뭐! 먹고 살기 힘든 백성들 짓이겠지. 벼슬아치들은 제 잇속만 챙기지, 백성들은 나라에 세금 내랴, 악질 부자들한테 뜯기랴 어디 제대로 살겠나?"

"허어, 이 사람! 말조심하게!"

키 작은 남자가 허균을 쳐다보며 말했다. 그러자 키 큰 남자가 허균을 번갈아 보며 톡 쏘았다.

"양반들 하나도 무섭지 않네! 더 이상 잃어버릴 것도 없고 수틀리면 산속으로 들어가면 그만이여!"

"허허! 이 사람 참!"

키 작은 남자가 주변 사람들의 눈치를 살피며 말했다.

"요즘 백성들은 서로 화적 떼가 되겠다고 야단이라네. 농사짓던 연장 버리고 산속으로 들어가려는 심정이 어떻겠나?"

"허허! 이 사람이 그래도! 이제 그만하게!"

키 작은 남자가 손사래를 치자, 키 큰 남자는 말을 멈추고 막걸리를 들이켰다.

허균은 남자들의 말을 들으며 숟가락을 내려놓았다. 허기가 졌지만, 입안이 꺼끌꺼끌하여 밥알이 목구멍으로 넘어가지를 않았다.

세금과 고리대금에 수탈 당하던 백성들이 농사를 포기하고 산으로 들어가 도적이 되다니, 이 얼마나 안타까운 일인가? 허균은 가슴이 답답해졌다.

"장복아, 그만 일어나자꾸나!"

자리에서 일어서려던 허균과 키 큰 남자의 시선이 마주쳤다.

"선비한테 하는 소리가 아니니 오해는 마시오!"

키 큰 남자가 허균에게 말했다.

"난 아무 말도 들은 것이 없소만! 식사 맛있게들 하시오."

허균이 이렇게 말하며 주막을 나섰다.

장복은 말없이 허균의 뒤를 따라나섰다.

허균은 마을 어귀에서 걸음을 멈추고 잠시 하늘을 올려다보더니 돌담길로 발길을 돌렸다. 허균의 머릿속은 주막에서 들은 사내들의 이야기로 가득했다. 평화롭게 농사나 짓던 농부들이 서로 화적 떼가 되겠다고 한다니, 정말 이 세상은 가망이 없단 말인가?

허균이 긴 한숨을 내쉬었다.

밤늦게까지 마을을 돌아다니던 허균과 장복은 자정이 되어서야 주막으로 돌아왔다. 허균과 장복은 밤늦게까지 이런저런 이야기를 나누다 깜박 잠이 들었다.

얼마나 잤을까? 누군가 허균이 자는 방문을 두들겼다.

장복이 벌떡 일어나 밖으로 나갔다. 그리고 잠시 후 장복이 침울한 표정으로 방 안으로 들어섰다.

"방금 귀동이 어머니께서 운명하셨답니다."

장복의 말에 허균은 온몸에 소름이 우수수 일어나는 것 같았다.

억울하게 엄마를 잃은 귀동은 얼마나 괴로울까? 아마도 귀동의 가슴속에는 불길보다 뜨거운 울화 덩어리가 치솟고 있으리라.

 허균은 서둘러 귀동에게 달려갔다. 한 달도 안 되어 아버지와 어머니를 잃은 귀동의 모습은 반쯤 넋이 나간 모습이었다.

 며칠 후, 귀동 어머니의 장례도 무사히 끝이 났다. 마을 사람들과 하인들의 도움이 컸다.

 장례가 끝난 뒤 귀동은 암자에 머물렀다. 집에서 머무는 것보다 암자에서 머무는 것이 더 안전하리라는 허균의 조언 때문이었다.

 귀동은 어머니가 세상을 떠난 뒤 몇 달 동안 어두운 방 귀퉁이에서 웅크린 채 밖으로 나오지 않았다. 하지만 허균은 알고 있었다. 귀동이 매일 새벽 폭포를 찾아 그곳에서 통곡을 한다는 사실을 말이다. 허균은 그런 귀동을 보고도 일부러 못 본 척했다.

 허균은 일찍이 서얼 차별이라는 잘못된 제도가 하루빨리 고쳐지기를 원했다. 본인이 원해서 서얼로 태어난 것도 아닌데 아무리 뛰어난 재주를 가지고 있어도 벼슬길에 나아갈 수 없다는 현실이 너무 불공평하다고 생각했다. 하지만 지배층은 변화를 원하시 않았다. 오직 자기 욕심을 채우기에 바빴던 것이다.

 지금 허균이 귀동에게 해 줄 수 있는 것은 아무것도 없었다.

 귀동은 지금 쇳물처럼 펄펄 끓고 있었다. 세상과 큰어머니에 대한 분노가 부글부글 끓어넘치기 일보 직전이었다. 그 분노를, 시시때때 치솟는 울화 덩어리를 잠재워야만 귀동은 살 수 있으리라.

 겨울이 지나고 암자에도 봄이 왔다.

 새벽 일찍 약수터를 다녀오는데, 귀동이 암자의 커다란 마애불 앞에 서서 허균을 기다리고 있었다. 이른 아침, 스스로 방에서 나온 귀동의 모습이 대견했는지 허균의 두 눈이 휘둥그레졌다.

 "귀동이 아니냐?"

 귀동은 대답 대신 허균의 눈앞에서 웃고 있었다. 귀동은 한결 편안해진 모습이었다.

 귀동의 얼굴을 살피던 허균의 눈이 한곳에 멈췄다.

 "웬 봇짐이냐? 어딜 가려는 것이냐?"

 허균이 귀동의 어깨에 들린 봇짐에서 눈을 떼지 못하며 물었다.

"산으로 들어갈 생각입니다. 서자로 태어나 뜻을 펼 수 없으니 도적이라도 되어 사내대장부의 뜻을 펼칠까 합니다."

귀동의 대답에 허균은 침이 마르고 가슴이 벌렁거렸다.

문득 화적 떼가 되기 위해 산속으로 들어가겠다던 어느 장사꾼의 말이 떠올랐다.

"그건 아니 된다. 귀동아, 차라리 나와 함께 한양으로 가자꾸나!"

허균의 말에 귀동이 방긋 웃기 시작했다.

"농담입니다. 사실은 이대로 있으면 가슴이 터져 버릴 것 같아서 깊은 산으로 들어가 도를 닦아 볼 생각입니다."

귀동이 조심스럽게 이렇게 말했다.

"꼭 그리해야겠느냐? 차라리 나와 함께 있으면 안 되겠느냐?"

"네. 제 결심은 변함이 없습니다. 금강산의 백운 도사도 열세 살에 산에 들어가 도를 닦았다고 합니다. 이제 제 나이 열다섯 살입니다. 더 이상 스승님께 폐를 끼치고 싶지 않습니다."

귀동의 목소리가 떨리고 있었다.

"귀동아, 할 수만 있다면 너를 평생 곁에 두고 싶구나!"

"그동안 돌봐 주신 것만으로도 충분합니다."

"기어이 갈 것이냐?"

"네!"

귀동의 단호한 대답에 허균은 더 이상 귀동을 잡을 수 없다는 생각이 들었다. 귀동의 분노가 얼마나 큰지를 알기에 허균은 귀동을 붙잡을 수가 없었다.

"이걸 가지고 가거라."

허균이 소매 품에서 엽전 꾸러미를 건네주었다.

"아닙니다!"

귀동이 한사코 사양을 했다. 하지만 허균이 귀동의 손에 기어이 엽전 꾸러미를 들려 주었다.

"몸조심해라."

"네! 스승님도 부디 건강하십시오."

귀동이 이렇게 말하며 허균에게 큰절을 올렸다.

귀동의 절을 받으며 허균은 끝내 눈물을 터뜨렸다. 어느새 귀동의 두 눈에서도 눈물이 하염없이 흘러내렸다.

귀동이 암자를 내려간 한참 뒤까지도 허균의 눈길은 귀동의 뒷모습에 머물러 있었다.

에필로그

 귀동이 떠나고 일주일 후, 허균은 다시 벼슬을 얻어 한양으로 올라왔다. 다시는 벼슬자리에 나가고 싶지 않았지만, 중국의 역사책을 수정하라는 임금의 명령을 거부할 수가 없었다.
 그리고 5년이라는 세월이 흘렀고, 허균은 다시 함열 땅을 찾았다.
 허균은 함열의 외딴 주막에서 홍길동이라는 의적 이야기를 들었다. 전라도 함라 마을에서 태어난 서자 출신의 신출귀몰*한 의적인 홍길동은 활빈당을 결성하고 도둑질한 물건을 모두 가난한 백성들에게 나눠 주었다고 한다. 얼마 전에는 중국의 남쪽에 있는 율도국이라는 섬나라로 간 뒤 왕이 되었다는 이야기였다.

그 의적은 동에 번쩍 서에 번쩍하며 축지법을 써서 하룻밤에도 수천 리를 날아가고, 구름을 부려 하늘을 맘대로 돌아다닌다고 했다.

홍길동에 대한 소문을 들으며 허균은 귀동이 떠올랐다. 귀동이 산속에서 도를 닦았다면 그런 멋진 의적이 되었으리라.

한양으로 올라가는 길에 허균은 함라산의 암자에 들렀다.

허균이 지내던 방 안은 말끔하게 치워져 있었는데, 마치 사람이 살고 있는 방처럼 온기가 느껴졌다.

그날 밤, 허균은 좀처럼 잠들지 못했다. 허균은 자리에서 일어나 약수터로 걸어 나갔다. 5년 전, 암자에서 머물며 약수터를 오가던 일들이 떠올랐다.

그때였다.

어디선가 애절하면서도 맑고 고운 피리 소리가 들리기

신출귀몰 귀신같이 나타났다가 사라진다는 뜻으로, 그 움직임을 쉽게 알 수 없을 만큼 자유자재로 나타나고 사라짐을 비유적으로 이르는 말.

시작했다. 허균은 소리가 나는 곳으로 조심스럽게 발길을 옮겼다.

폭포수 위에서 잘생긴 청년이 피리를 불고 있는 모습이 보였다. 반듯한 이마와 오뚝한 콧대 그리고 초롱초롱한 검은 눈망울, 틀림없는 귀동의 모습이었다. 귀동은 몸은 자랐지만 얼굴은 5년 전 모습 그대로였다.

"귀동아! 귀동이 맞느냐?"

허균이 청년에게 말을 걸었다. 그러자 청년이 피리를 불던 손을 멈추고 허균을 내려다보았다.

"스, 스승님!"

청년이 폭포 위에서 한걸음에 내려왔다.

"암자에 있었던 것이냐?"

"네. 어머니 산소를 들렀다 가는 길에 잠시 옛 생각이 나서 들렀습니다. 그렇지 않아도 스승님 생각을 하고 있었습니다."

"음, 그래! 잘 지내고 있는 게지?"

"네! 물론이지요. 스승님, 저는 이제 떠나려고 합니다. 뜻을 펼칠 수 있는 곳에 가서 새로운 삶을 찾겠습니다."

"어디로 가는지 물어도 되겠느냐?"

"네! 중국의 남쪽에 있는 섬나라입니다. 사람들은 그 섬을 율도국이라 하지요. 가기 전에 스승님을 꼭 한 번 뵙고 싶었습니다. 그동안 감사했습니다. 부디 건강하십시오!"

귀동은 허균에게 인사를 올리고는 훌쩍 산길을 올라가 버렸다.

'귀동이 네가 바로 그 홍길동이로구나.'

허균은 귀동의 마지막 모습을 보며 깊은 생각에 잠겼다.

암자로 돌아온 허균은 귀동의 이야기를 쓰기로 했다. 귀동의 이야기는 어쩌면 하루하루가 힘든 백성들에게 희망이 되고 꿈이 되리라.

제목은『홍길동전』이라고 지었다. 서자로 태어난 어린 소년이 자신의 여린 어깨를 누르고 있던 삶의 무게를 버거워하다가 힘찬 날갯짓을 하며 세상 속으로 나아가는 이야기였다.

몇 달 뒤, 허균은 귀동의 이야기를 모두 끝마쳤다.

책을 다 지은 허균이 마당으로 나왔다.

때마침 눈이 부시도록 환한 아침 햇살 한 줄기가 짙은 새벽안개를 뚫고 쏟아지기 시작했다. 이윽고 밝고 찬란한 아침 햇살이 골짜기마다 깊게 비쳐 들었다.

허균은 귀동이 있는 율도국에도 따스한 햇살이 비추길 바라며 지그시 눈을 감았다.

• 인물 들여다보기 •

율도국을 꿈꾼 개혁 사상가 허균

허균의 어린 시절

허균은 1569년 초당 허엽의 셋째 아들로 태어났습니다. 허균의 집안은 당시 최고의 명문가였습니다. 아버지 허엽은 동인을 대표하는 인물이었고, 이복형 허성은 이조와 병조판서를 지냈으며, 동복형인 허봉은 유희춘의 문인으로 학문이 수준급이었어요. 또한 여류 문인으로 잘 알려진 허난설헌이 누이였지요.

총명했던 허균은 다섯 살 때부터 글을 배우기 시작했고, 일찍이 중국의 고전들을 두루 읽었습니다. 아홉 살에는 시를 지었는데, 어른들로부터 장차 문장가로 대성하리라는 칭찬을 들을 정도로 뛰어났습니다. 열두 살에 아버지를 여읜 뒤에는 유성룡에게 학문을 배웠고, 둘째 형 허봉의 친구 손곡 이달을 스승으로 두고 시를 배웠습니다. 1594년(선조 27) 문과에 급제했으며 뒤에는 형조판서, 좌참판 등을 지냈지요. 문장력이 뛰어나 시와 소설 등으로 이름을 알렸습니다.

허균, 평등한 세상을 꿈꾸다

스승이었던 이달은 당나라 시에 뛰어나 크게 이름을 떨쳤으나, 서자로 태어나 출셋길이 어려웠습니다. 허균은 늘 스승의 삶을 안타깝게 여겼는데, 스승이 죽은 후에는 『손곡산인전』이라는 한문 소설을 지어 그를 기리기도 했지요. 이 작품에는 스승의 불우한 일생을 통해 당시 모순된 사회를 비판하는 내용을 담았습니다. 허균은 이달뿐만 아니라 서자 출신의 다른 인물들과도 교류가 깊었는데, 신분 때문에 출세하지 못하는 서자들을 곁에서 지켜보며 늘 평등한 세상을 꿈꿨습니다.

성품이 호탕하고 자유분방했던 허균은 유교 중심의 사회였던 조선 시대에 승려들과 교류하기도 하고, 기생과 우정을 나누는 등 그 당시로서는 무척 파격적인 생활을 하였습니다. 특히 허난설헌, 황진이와 함께 조선의 3대 여류 시인으로 꼽히는 기생 이매창과 시를 나누기도 했지요. 이처럼 허균은 비록 자신은 명문가의 자제로 태어나 부귀영화를 누릴 수 있었지만, 천한 운명을 가진 스승과 벗들을 지켜보며 불합리한 사회 구조를 바꿔 보겠다는 다짐을 지우지 못했습니다.

최초의 한글 소설『홍길동전』을 짓다

　개혁적이고 진보적인, 지금으로서는 무척이나 파격적이었던 허균의 사상은 고스란히 소설『홍길동전』에 담겨 있습니다.『홍길동전』은 최초의 한글 소설입니다. 속된 말로 '언문'이라 불렸던 한글은 아낙네나 천한 백성들이 읽는 글이었습니다. 그래서 그 당시 소설 대부분이 지배층의 언어인 한문으로 되어 있었고, 한문을 읽지 못하는 백성들은 문화 생활을 마음껏 누릴 수 없었지요. 허균은 이러한 어려움을 헤아려『홍길동전』을 한문이 아닌 한글로 집필하여 백성들에게 널리 읽힐 수 있도록 했습니다.

조선 시대 신분제의 문제점을 다룬『홍길동전』

　『홍길동전』은 신분 제도가 엄격했던 조선 시대에 양반가의 서얼로 태어난 홍길동의 이야기입니다. 그 당시 아무리 재주가 뛰어나고 능력이 있어도 양반이 아니면 관직에 나갈 수 없었던 서얼들의 아픔과 설움을 그렸습니다. 홍길동 역시 어릴 적부터 비범함이 남달랐지만 천한 종의 몸에서 태어나 천대를 받고 자랐습니다. 그러다 집안사람들의 멸시를 참지 못하고 집을 나와 도적들을 꾸려 활빈당을 조직하지요. 활빈당의 두목이 된 홍길동은 신출귀몰한 도술과 둔갑술로 부패한 양반과 탐관오리들을 혼내 줍니다. 그리고 조정의 회유로 병조 판서까지 되지만, 하직하고 율도국에 정착해 이상적인 왕국을 건설합니다.

허균의 이상이 담긴 『홍길동전』

허균은 『홍길동전』을 통해 조선 시대 신분 제도의 모순과 지배 계층의 횡포를 폭로하고, 부패한 사회를 개혁하고자 했습니다. 작품 속에 허균이 바라던 세상이 고스란히 담겨 있지요. 가난하고 힘없는 백성들은 『홍길동전』을 읽으며, 탐관오리들을 혼내 주는 영웅 홍길동의 활약에 통쾌함을 느꼈습니다. 그리고 이상의 땅 율도국을 보며 그러한 세상이 오기를 간절히 바랐지요. 신분 차별이라는 큰 벽 앞에서 무너졌던 이들에게는 그 한계를 뛰어넘어 큰 세상으로 나아갈 수 있다는 용기를 주었습니다.

"세상에서 가장 두려워할 것은 오로지 백성뿐이다. 백성은 물이나 불, 호랑이나 표범보다 훨씬 두려운 것인데 윗자리에 있는 자들은 백성을 업신여기면서 모질게 부려 먹는다."

이처럼 허균은 '호민론'을 주장하기도 했습니다. '호민'이란 뜻을 가진 힘 있는 백성을 말하며, 정

치를 하는 자들이 백성을 두려워하지 않으면 언젠가는 호민들이 혁명을 일으킬 것이라고 했지요. 때문에 이러한 호민이 생기지 않도록 올바른 정치를 하여 살기 좋은 나라를 만들어야 한다고 말했습니다. 이러한 허균의 자유로운 행동과 사상이 당시 사대부들의 눈에 곱게 보일 리가 없었습니다. 그들은 늘 평등한 세상을 꿈꿨던 허균을 눈엣가시로 여기고 견제했지요. 그리고 결국 허균은 역모를 꾸몄다는 반대파의 모함을 받아 참형을 당하고 맙니다. 비록 허균은 형장의 이슬로 사라졌지만, 그의 문장과 사상은 불후의 명작 『홍길동전』을 통해 오늘날까지 이어지고 있습니다.